Wilhelm Lauser

Die Matinees Royales und Friedrich der Grosse

Wilhelm Lauser

Die Matinees Royales und Friedrich der Grosse

ISBN/EAN: 9783742890337

Hergestellt in Europa, USA, Kanada, Australien, Japan

Cover: Foto ©ninafisch / pixelio.de

Manufactured and distributed by brebook publishing software (www.brebook.com)

Wilhelm Lauser

Die Matinees Royales und Friedrich der Grosse

Die

Matinées Royales

und

Friedrich der Grosse

von

Wilhelm Laufer, Dr. phil.

Stuttgart.
In Commission bei August Schaber.
1865.

Inhalt.

I.
	Seite
Einleitung	4.
Zeit der Abfassung der Matinées, Handschriften, Ausgaben und Uebersetzungen	12.
Verhältniß der Matinées zu den Schriften und zur Persönlichkeit Friedrichs vor 1765	15.

II.
Inhalt der Matinées	24.
Zusätze einzelner Handschriften und Ausgaben	31.
Verfahren bei der Inhaltsangabe in The Home and Foreign Review N. III. January 1863	45.
Ursprung und Werth der Zusätze, Abweichungen in Lesarten, Stil und Rechtschreibung	52.
Ursprung und Werth der verschiedenen Texte	66.

III.
Zeugnisse und äußere Beweise gegen die Aechtheit der Matinées	83.

IV.
Prüfung des Inhalts der Matinées:
Erste Morgenstunde	93.
Zweite Morgenstunde	118.
Dritte Morgenstunde	128.
Vierte Morgenstunde	184.
Fünfte Morgenstunde	191.
Wirklicher Ursprung der Matinées. Schluß	200.

I.

Nicht leicht ist die Würdigung der Thaten und Persönlichkeit eines großen Mannes in verhältnißmäßig kurzer Zeit durch so verschiedenartige Wandlungen hindurchgegangen, als dieß bei Friedrich II. von Preußen der Fall ist.

Nachdem durch die bald auf seine Thronbesteigung folgenden glanzvollen Thaten fast alle Vorstellungen, welche man sich von dem Kronprinzen gemacht hatte, als Täuschung erwiesen waren, sollten auch Diejenigen nicht Recht behalten, welche nunmehr eine Eroberers-Laufbahn, von Nichts erfüllt, als von Waffenlärm und Kriegsruhm, eröffnet sahen. Und bald konnte man nicht mehr wohl unterscheiden, ob die unbegrenzte Bewunderung, die Friedrich nicht nur in ganz Deutschland, sondern auch im Ausland, und selbst im Lager seiner Feinde fand, mehr dem Helden galt, oder dem Fürsten, welcher mit nie gesehener Sorgfalt, Hingebung und Ausdauer die Jahre des Friedens zur Hebung seines Landes und Volkes ausnützte, und dabei die Künste und Wissenschaften nicht bloß beschützte, sondern auch selbstthätig pflegte und förderte. In späterer Zeit, namentlich in den Umwälzungen und Kriegen am Schlusse des vorigen und am Anfang dieses Jahrhunderts mußte das Andenken Friedrichs einigermaßen verblassen. In dem darauf folgenden Zeitraum des Friedens dagegen waren alle Bedingungen gegeben, ein unbefangenes und erschöpfendes Urtheil über die Bedeutung dieses Mannes und seines großen Werkes, der Schöpfung des preußischen Staates, zu fällen. Man war sich klarer, als zuvor geworden, daß seit dem Jahre 1740 eine ganz neue Entwicklung sowohl der deutschen, als auch der europäischen Verhältnisse, eine neue Epoche der innern und äußern Staatskunst eingetreten sei. Und dieser Bruch mit der Vergangenheit und so vielen Ueberlieferungen auf den verschiedensten Gebieten des Lebens, die Einführung neuer Gedanken und Grundsätze in Staat, Kirche, Gesellschaft, Bildung und Denkweise des deutschen Volkes knüpfte sich so wesentlich an die einzige Persönlichkeit Friedrichs, daß sowohl die Anhänger des Neuen, als Diejenigen, welche die Wiederherstellung der alten Zustände ersehnen, darüber einig zu sein scheinen, daß es von höchster Wichtigkeit für den Geschichtschreiber der neuern Zeit sei, eben jener Persönlichkeit gerecht zu werden.

So ist es denn nicht zu verwundern, daß die Literatur über Friedrich den Großen in den letzten Jahrzehnten um eine Reihe mehr oder weniger bedeutender Werke bereichert worden ist; insbesondere aber erschien es als zeitgemäß und unumgänglich nothwendig, für die Beurtheilung der Persönlichkeit Friedrichs in der kritischen Herausgabe seiner sämmtlichen Werke eine zuverläßige und in vielen Theilen noch nicht ausgebeutete Quelle zu erschließen. Allein der Werth derselben ist in unsern Tagen sehr lebhaft angefochten worden, und man hat theils versucht, eine Anzahl bestimmter Aeußerungen durch andere anders lautende aufzuheben und diesen allein den Werth der Aechtheit zuzuerkennen; theils hat man sogar behauptet, das ganze Bild der Persönlichkeit Friedrichs, wie es sich aus seinen gesammelten Werken ergebe, sei falsch und entspreche nicht den Handlungen des Königs; man müsse sich daher nach andern Kriterien umsehen. — Als ein untrügliches Kriterium haben nun Einige neuerdings ein fast ganz in Vergessenheit gerathenes, seither beinahe ausnahmslos für eine Schmähschrift gehaltenes kleines Werk, die **Matinées Royales**, angepriesen. Verschiedene Umstände, die wir kennen lernen werden, trugen dazu bei, demselben eine wohl auch von seinen Vertheidigern nicht geahnte Bedeutung zu verleihen. Jedenfalls steht so viel fest: Sind, wie behauptet wird, die Matinées wirklich eine geheime Staatsschrift Friedrichs, so müssen wir Alle uns entschließen, das Bild desselben, wie es bei den Geschichtschreibern sich darstellt und im Bewußtsein des deutschen Volkes insbesondere fortlebt, gegen ein anderes, minder vortheilhaftes zu vertauschen; gelingt es hingegen, die Unächtheit der Matinées für Jedermann nachzuweisen, so fällt damit zugleich ein scharfes Licht auf die Waffen, mit welchen man in unsern Tagen noch gegen den großen König zu kämpfen wagt.

Freilich haben sich so viele gewichtige Stimmen in Deutschland sowohl als im Auslande gegen die Aechtheit dieser Schrift vernehmen lassen, daß wohl nur Wenige noch im Zweifel sein dürften. Allein Angesichts der Zuversichtlichkeit und Leidenschaftlichkeit, mit der man die entgegengesetzte Ansicht aufrecht zu erhalten sucht, erscheint es keineswegs als ein überflüßiges Unternehmen, einmal alles Wichtigere aus der Literatur der Matinées zusammenzustellen, die äußern Zeugnisse für und gegen die Aechtheit zu prüfen, insbesondere aber auf Grund einer eingehenderen Vergleichung der in den Matinées dargelegten Grundsätze, sowie der dort entwickelten geschichtlichen Anschauungen mit den Werken, dem Leben und der Herrscherthätigkeit Friedrichs, sowie mit einzelnen Thatsachen aus der Zeitgeschichte überhaupt die Untersuchung anzustellen, ob irgend eine Wahrscheinlichkeit vorhanden sei, daß Friedrich jene Schrift verfaßt habe. Ein kurzer Rückblick auf die verschiedenen Vermuthungen, welche bald Diesen, bald Jenen als Verfasser nennen, verbunden mit einer wesentlich auf diese Schrift selbst gegründeten Erklärung des Ursprungs derselben, dürfte dann wohl einen passenden Schluß bilden. — —

Die älteste Nachricht über die Matinées rührt von Bachaumont her, welcher in seinen geheimen Denkwürdigkeiten unter dem 7. Februar 1765 versichert, die Matinées seien die Erweiterung eines kleinen Druckwerks, das mehr als zehn Jahre früher schon erschienen sei unter dem Titel: Idée de la personne et de la manière de vivre du roi de Prusse. Die Matinées selbst waren im Jahre 1765 noch nicht gedruckt, sondern wurden in Paris nur handschriftlich verbreitet. Wir haben darüber ganz zuverläßige Kunde durch einen Brief, den Herr von Grimm am 15. April 1765 an die Herzogin Luise Dorothea von Sachsen-Gotha schrieb. Derselbe lautet: „Ich habe die Ehre, Ew. Durchlaucht hiebei ein sonderbares Stück Papier zu übersenden, welches seit einiger Zeit handschriftlich in Paris umläuft. Als es zu meiner Kenntniß kam, schwankte ich einige Zeit, was ich thun sollte; ich entschloß mich endlich, Herrn Catt davon zu benachrichtigen. Derselbe bat mich schleunigst, das Unmögliche möglich zu machen, um ihm eine Abschrift zu schicken. Das habe ich gethan. Ich lege auch diesem Paket eine bei, aber ohne auf das Verdienst Anspruch zu machen, bei der Verbreitung dieses Stücks von Beredtsamkeit geholfen zu haben. Ew. Durchlaucht werden besser als ich zu beurtheilen wissen, von welcher Hand diese Schrift ausgeht und was ihr Zweck sein kann." Aus diesem Brief geht also hervor, daß Grimm auch schon eine Abschrift an Catt nach Berlin geschickt hatte, ohne Zweifel eine der beiden Abschriften, welche sich noch in Berlin befinden, von denen die eine mit der Aufschrift: Envoi de M. Grimm de Paris pour en rendre compte au Roi, die andere mit den Worten bezeichnet ist: Envoi de M. Grimm pour montrer au Roi ou lui en faire part.

Halten wir diese Angaben zusammen mit dem Inhalt der Matinées selbst, welcher uns auf die Zeit nach dem siebenjährigen Kriege hinweist, so können wir mit ziemlicher Genauigkeit den Rahmen für die Abfassungszeit der Matinées ziehen. Dabei kommt uns besonders folgende Bemerkung in dieser Schrift zu Hilfe. Es heißt nemlich dort in dem Abschnitt „Ueber die schönen Wissenschaften": d'Alembert ist so sanft; wenn er neben mir sitzt, öffnet er den Mund nur, um mir Verbindliches zu sagen." Nun hatte zwar d'Alembert schon 1756 Friedrich besucht, aber nur auf ein paar Tage. Der obige Ausdruck aber kann sich offenbar nur auf die Gegenwart oder die jüngste Vergangenheit und auf ein längeres Zusammensein beziehen. Dieses hatte wirklich im Jahre 1763 stattgefunden, in welchem d'Alembert drei bis vier Monate bei Friedrich zubrachte (man vergleiche noch den bei Besprechung der vierten Morgenstunde angeführten Brief d'Alembert's vom August 1763). Im Anfang des Jahres 1765 sind die Matinées in Paris schon sehr verbreitet. Wir können daher 1764 als das Jahr ihrer Abfassung, beziehungsweise ihrer Zusammenstellung, festsetzen.

Sehr merkwürdig ist übrigens, daß schon in der Mitte des Jahres 1765 eine Erweiterung der Matinées erschien. Herr von Grimm schreibt am 7. Juni 1765: „Ich werde die Ehre haben, Ihnen sehr bald die Fortsetzung der Matinées zu schicken, welche seltener, aber im selben Ton gehalten ist, wie das, was Sie gesehen haben."

Die ältesten Drucke sind aus dem Jahre 1766. Barbier (Dictionnaire des Ouvrages anonymes II. 335—336) nennt eine Ausgabe mit dem Titel erschienen: Les Matinées du roi de Prusse écrites par lui même, Berlin 1766, in 12, 90 Seiten stark. Ein Exemplar dieser Ausgabe mit dem natürlich falschen Druckorte Berlin besitzt die Berliner königliche Bibliothek. In der Stuttgarter Staats-Bibliothek befindet sich eine Ausgabe gleichfalls mit dem Druckorte Berlin aus dem Jahre 1766, betitelt: Les Matinées Du Roi De Prusse A Son Neveu; dieselbe ist 40 Seiten stark. Vielleicht fällt in dieselbe Zeit noch eine andere Ausgabe, ohne Nennung von Zeit und Ort, mit dem Titel: Les Matinées Royales, in-18. Sogar noch eine vierte Ausgabe scheint das Jahr 1766 hervorgebracht zu haben, mit ganz verändertem Titel, denn das Bulletin du Bibliophile erwähnt ein Werkchen: Entretiens sur l'Art de Régner, divisés en cinq soirées, S. L. 1766, in-12.

Es gingen aber lange noch Abschriften neben den gedruckten Ausgaben her. So ist im Besitz des Herrn Dr. Notter in Stuttgart eine solche mit dem Titel: Matinées Roïales ou Entretien Sur l'art de Regner 1766; 74 Sedez-seiten stark, jede Seite von 18 Zeilen. Diese Abschrift gehört ohne Zweifel in die 80er oder 90er Jahre des vorigen Jahr-hunderts. Sie fand sich in der Büchersammlung des Vaters von Herrn Notter unter den Schriften aufgeführt, welche der-selbe jedenfalls vor 1804 angeschafft hat. Das Titelblatt ist ganz im Geschmacke jener Zeit mit Federzeichnungen geziert. Ueber der Aufschrift steht ein Engel auf Wolken, der eine Art von Fahne schwingt, mit der Inschrift: Honni. Soit. Qui. Mal. Y. Pense. Am Schluß des Schriftchens befindet sich noch die Zeichnung eines Engels, der einen Lorbeerkranz in der Hand hält. —

Nachdem im Jahre 1766 ein so großer Anlauf mit Ausgaben der Matinées gemacht war, fuhr man fort, mit mehr oder weniger kurzen Unterbrechungen neue Abdrücke in die Welt zu schicken, offenbar mehr von dem Streben geleitet, gewissen Bedürfnissen der Lesewelt zu genügen, als besonnene, wissenschaftliche Kritik zu üben. Es erschien nach Barbier eine Ausgabe mit dem Titel: „Les six Matinées du roi de

Prusse, à son nèveu, en mille sept cent soixante et huit (avec un avis de l'éditeur, signé Spiess). Paris, Dentu l'an 5 de la république française", in 8; 34 Seiten stark. Diese Spieß'sche Ausgabe war, wie von Barbier berichtet wird, nach einer Handschrift gemacht, die Spieß im Jahre 1784 von dem preußischen Staatsrath und Statthalter in Neuenburg, Samuel von Pury, erhalten hatte. In dieser Handschrift soll die sechste Matinée fehlen, und es soll in der alten Ausgabe die fünfte Matinée einen Paragraph mehr enthalten, als in der neuen. Eine weitere Ausgabe trägt den Titel: Les Matinées du roi de Prusse Frédéric II. Paris, le Fèvre, rue de Lille, 1801; in-8, 99 Seiten stark. In der königlichen Bibliothek in Berlin befindet sich ein Exemplar dieser Ausgabe. Die siebente Matinée derselben (sur la finance) soll Betrachtungen über den Finanzzustand enthalten, welche an eine Denkschrift des Conseil Friedrich Wilhelms I. angehängt waren. Noch ist zu nennen von P. R. Anguis, Les Conseils du Trône donnés par Frédéric II., dit le Grand, aux Rois et aux Peuples de l'Europe, Paris 1823.

Im Jahre 1860 erlebten wir eine neue Ausgabe, und zwar im zweiten Band der zu Paris erschienenen Correspondance inédite de Buffon, à laquelle ont été réunies les lettres publiées jusqu' à ce jour recueillie et annotée par M. Henri Nadault de Buffon, son arrière-petit-neveu, S. 423—438. Die Handschrift war nach der Angabe des Herausgebers, welcher versichert, dieses Werk sei noch nie veröffentlicht worden, von Graf Buffon seinem Vater als Geschenk des großen Friedrich gebracht worden. Der Titel ist: Les matinées de Frédéric II. A son neveu Frédéric Guillaume son successeur à la couronne. Vorher waren allerdings durch Herrn Humbert Bazile, welcher vom ältern Buffon beauftragt worden war, mehrere Abschriften davon

zu machen, im Feuilleton des Constitutionnel schon einige
Auszüge daraus veröffentlicht worden. Buffon giebt die Hand=
schrift wieder, indem er die Fehler in der Rechtschreibung
verbessert, die zahlreichen Sprachfehler aber stehen läßt.
Seine Ausgabe hat 12 Matinées — im Unterschiede von den
meisten andern, die deren nur 5 zählen — d. h. es sind
verschiedene Unterabtheilungen der einzelnen Matinées in den
andern Ausgaben hier als besondere Matinées aufgeführt.
Diese ganz geschmacklose Eintheilung ist so ziemlich das Ein=
zige, worin die Buffon'sche Ausgabe von dem in der Stutt=
garter Bibliothek vorhandenen Drucke von 1766 abweicht.
Sonst stimmen beide, mit Ausnahme eines größern Stücks
in der zweiten Morgenstunde, welches der Druck von 1766
nicht hat, so wörtlich überein, daß wir in jener wesentlich
nur einen Abdruck der ältern Ausgabe oder einer Abschrift
von derselben erkennen. Während der Nachkomme Buffon's
in Unkenntniß der frühern Ausgaben die Matinées in seiner
Sammlung aufs Neue abdrucken ließ, nur „um einen Beweis
von der hohen Achtung zu geben, welche dem Könige von
Preußen das unvergleichliche Talent Buffon's einflößte", so
hat eine neue, 1863 zu London bei Williams und Norgate
erschienene Ausgabe unter dem Titel: Les Matinées Royales, ou l'Art de Régner, opuscule inédit de Frédéric II.
dit le Grand, Roi de Prusse nach dem Urtheil in „The
Home and Foreign Review" No. 3, January 1863, eine
viel höhere Bedeutung, sofern dieser Text aus einer andern
(als der Buffon'sche) und zuverlässigeren Quelle stammt
(is taken from a different and a more reliable source),
nicht bloß die eigensten Gedanken (the real intimate ideas)
Friedrichs wiedergiebt, sondern sogar ganz den Koder des
Absolutismus eines gebildeten und ungläubigen Zeitalters
darstellt. Zu rügen ist jedenfalls das marktschreierische Ver=
fahren des Herausgebers, Herrn Acton's, der die Buffon'sche

Ausgabe kannte, eine Schrift opuscule inédit zu nennen, die bei einzelnen Abweichungen doch im Wesentlichen denselben Inhalt hat, wie frühere Ausgaben. Diese Londoner Ausgabe, welche, die Weglassung einiger Zeilen abgerechnet, fast Wort für Wort mit der Notter'schen Abschrift übereinstimmt, ist nach der Aussage von Herrn Acton folgenden Ursprungs. Im Jahre 1806, als Napoleon in Berlin war, fand sein Privatschreiber, Baron von Méneval, die Handschrift der Matinées in Sanssouci. Da er in derselben die Handschrift des Königs zu erkennen glaubte (Judging it to be in the handwriting of the king), mit welcher er bekannt gewesen sein mußte (with which he must have been acquainted), so nahm er eine Abschrift, welche die Grundlage der neuen Ausgabe bildet. — Der Anspruch, unmittelbar von Sanssouci herzustammen, wurde noch bei mehreren, nicht dem Druck übergebenen, Handschriften erhoben, die von Zeit zu Zeit von Paris aus in Berlin zum Kauf angeboten wurden; insbesondere aber wird eine im Besitze des Herrn Kaufmann Whittall in Smyrna befindliche Handschrift auf diesen Ursprung zurückgeführt. Herr Whittall erhielt seine Handschrift als Gastgeschenk vom Herzog von Rovigo, welcher nach Napoleon's Sturz über Malta nach Smyrna ging und längere Zeit bei Herrn Whittall lebte. Der Herzog von Rovigo behauptete, die Handschrift auf dem Schreibtische des Königs in Sanssouci, als er mit Napoleon dort war, gesehen und weggenommen zu haben. Seiner Ansicht nach war die Handschrift selbst die des Privatschreibers König Friedrichs II., dessen Namen er vergessen hatte. Herr Whittall hatte die Erlaubniß von Rovigo erhalten, eine Abschrift zu nehmen; diese stammt aus dem Jahre 1816 und soll 8—10 Seiten stark sein, einige Matinées mehr, als die Londoner Ausgabe, außerdem verschiedene Abänderungen und Einschaltungen enthalten. — Die neueste Ausgabe unter dem Titel:

„Morgenstudien über die Regierungskunst, von dem König Friedrich II. von Preußen, genannt der Große, geschrieben für seinen Neffen. Originaltext mit gegenüberstehender Uebersetzung." (Freiburg im Breisgau. Herder'sche Verlagsbuchhandlung 1863) sucht ihr Erscheinen zu rechtfertigen durch die unrichtige Behauptung, daß das kleine Werk bis jetzt nur in französischer Sprache erschienen sei, ferner dadurch, daß dasselbe überhaupt eine größere Aufmerksamkeit in Deutschland verdiene. Was Buffon's Großneffe und Herr Acton vom Ursprung der betreffenden Ausgaben erzählen, wird im Vorwort kurz wieder berichtet. Die deutsche Uebersetzung in dieser Ausgabe ist ungenügend und entspricht sehr oft gar nicht dem nach der Londoner Ausgabe gemachten Abdruck. Der Werth der Vergleichung der abweichenden Stellen bei Buffon hebt sich dadurch wieder auf, daß die Buffon'schen Lesarten sehr ungenau oder ganz falsch gegeben sind und daß oft die wichtigsten, darunter gerade auch solche ganz fehlen, denen der englische Kritiker, dem sich sonst der Freiburger Herausgeber unbedingt anschließt, die größte Bedeutung beilegt. Auf die am Schluß angehängte Erörterung werden wir später zu sprechen kommen. — Ungefähr zur selben Zeit mit der Freiburger Ausgabe erschienen „Die Morgenstunden eines deutschen Fürsten oder die Kunst zu Regieren". Unveränderter Abdruck einer Uebersetzung nach dem Originale des 18. Jahrhunderts nebst den Anmerkungen des damaligen Herausgebers. Reutlingen 1863. Verlag von Rupp und Baur. Der Herausgeber sagt, man verkaufe schon lange überall, öffentlich und heimlich, les matinées du Roi de Pr.... und so wolle er dem Bedürfniß einer deutschen Ausgabe abhelfen. Er ist offenbar der Meinung, daß hier eine unächte Schrift vorliege, wenn er sich so ausspricht: „Der französische Herausgeber hat zwar kein Dokument durch einen Notarius oder durch ein löbliches Gericht dem Büchlein beidrucken lassen, daß diese Unterredungen authentisch seien. — Weil aber allerlei Würze für Regentschaften darinn ausgetheilt werden, die den Gaumen mehr, als unsere gewöhnliche Hausmannskost kitzeln; so wollen wir hoffen, daß Euch diese Speise behage, sie möge nun in Potsdam oder Paris, in Berlin oder Amsterdam zubereitet worden seyn." Er giebt dann die derbe Weisung: „Es ist gar viel Verdektes aufgetischt worden, und man muß sich in die Classe der wiederkäuenden Thiere versetzen, ihnen gleich das Gelesene wiederkäuen, um zu wissen, was man von allem — glauben, oder nicht glauben soll." Das Werkchen schließt sonderbar genug mit einem Gedicht auf den 71. Geburtstag Friedrichs, aus welchem wir nur die erste Strophe anführen wollen:

> Ehrfurcht nah dich deinem sanften Throne;
> Siehe, Recht und Licht sind seine Krone,
> Und die Weisheit Friedrichs Diadem;
> Heil und Segen träufeln seine Pfade;
> Seines Zepters Majestät ist Gnade,
> Und das Glück des Erdballs — Sein System!

Die Eintheilung des Inhalts ist dieselbe, wie in der Londoner Ausgabe. Da in dieser Ausgabe, beziehungsweise Uebersetzung, von der Theilung Polens, dem Tode Voltaire's und von den Reformen Joseph's II. die Rede ist, so wird sie in die Zeit gegen den Ausgang des vorigen Jahrhunderts zu setzen sein. Zu Boston war im Jahr 1782 eine deutsche Uebersetzung erschienen, welche gleichfalls fünf Morgenstunden giebt; im Jahr 1788 waren die Matinées sogar in das Spanische übersetzt worden.

Dieß ist die Reihe der mir bekannt gewordenen Ausgaben der Matinées Royales, die wesentlich durch die Veröffentlichung im Constitutionnel vom Jahre 1843, durch die Buffon'sche Ausgabe vom Jahre 1860 und durch die Londoner vom Jahre 1863 aufs Neue der Vergessenheit entzogen worden sind. Die Schrift hatte einst bei ihrem ersten Erscheinen großes Aufsehen erregt. Der hohe Name, der an der Spitze stand, mußte die Gemüther in Spannung und Ueberraschung versetzen. Wir haben Zeugnisse darüber von jenem Briefe Grimm's an, bis auf die Bemerkung des Reutlinger Herausgebers, „daß man die Matinées in der ganzen lieben weiten Welt verkaufe" und daß sie den Gegenstand der Unterhaltung „in manchem Kaffeehause und bei Biergelagen mache." — — Man hatte Friedrich lange vor dem Erscheinen der Matinées als Schriftsteller kennen gelernt und seine bis dahin bekannt gewordenen Werke waren ganz dazu angethan, einerseits die Bewunderung, die Friedrich als Feldherr und König sich erworben, in nicht geringerem Maße auch Friedrich dem Menschen und Schriftsteller zu verschaffen, andererseits durch die darin entwickelten Ueberzeugungen im Lager der Feinde und Andersgesinnten noch mehr Haß und Neid zu erwecken, als er dort durch seine eigenthümliche Geistesrichtung ohnedieß schon gefunden hatte. Von früh auf hatte er sich als Dichter versucht und zu nicht geringem Staunen der Welt waren Erzeugnisse der königlichen Muse in weitere Kreise gedrungen. Man kannte ferner von ihm den Discours sur les Satiriques, den Discours sur les Libelles, den Avant-propos sur la Henriade de Voltaire. Als Geschichtschreiber war er aufgetreten mit seiner Histoire de mon temps, seinen Mémoires pour servir à l'histoire de la maison de Brandebourg, und mit seiner Histoire de la guerre de sept ans. Bei denjenigen, die sich um Gesetzgebung kümmerten, war nicht unbeachtet geblieben die dissertation sur les raisons d'établir on d'abroger les lois, welche Friedrich in seiner Akademie hatte vorlesen lassen. Als Militärschriftsteller hatte er sich erwiesen durch seine Schrift du Militaire depuis son institution jusqu' à la fin du regne de Frédéric Guillaume, als Philosoph durch die dissertation sur l'innocence des erreurs de l'esprit, ferner durch die Aufsätze De la superstition et de la religion; Des Moeurs, des Coutumes, de l'Industrie, des Progrès de l'esprit humain dans les arts et dans les sciences und durch seinen discours sur la guerre; als politischer Schriftsteller durch seine Schrift Du gouvernement ancien et moderne de Brandebourg und durch seinen Antimachiavel, den man passend Friedrichs Inauguralschrift genannt hat. Wenn nach dieser so langen und reichen schriftstellerischen Thätigkeit Friedrichs, auf den doch ganz Europas Aufmerksamkeit gerichtet war, eine Schrift zu Tage kam, in welcher unter dem Siegel des tiefsten Geheimnisses die innersten Gedanken desselben über Staat, Religion, Rechtspflege u. s. w. entwickelt und im Unterschiede von seinen frühern Schriften, die nur einzelne Gegenstände abgesondert behandelt hatten, in nuce zusammengestellt waren, wie mußte man gespannt sein, das Verhältniß eben dieser so Vieles umfassenden Schrift zu seinen andern Werken kennen zu lernen und sich zu überzeugen, ob er auch in seinen frühern Schriften das ausgesprochen habe, was er wirklich dachte, oder ob dieselben nur geschrieben waren, um, nach der Meinung und dem Ausdruck des englischen Kritikers, die öffentliche Meinung zu beeinflussen (intented to influence opinion). (Freilich waren, worauf wir übrigens erst später ausführlicher eingehen können, auch schon früher in vielen merkwürdigen, streng geheim gehaltenen oder wenigstens zu Lebzeiten Friedrichs nicht veröffentlichten Schriften Grundsätze und Ansichten niedergelegt worden, welche mit denen der veröffentlichten Werke sich in schönster Uebereinstimmung befinden.) Diese Geheimschrift konnte, das war zu erwarten, die Triebfedern zu allen Handlungen Friedrichs darlegen, und einen Maßstab geben, seine ganze Wirksamkeit zu beurtheilen (to control action). Da dieselbe ferner, wie auf dem Titel ausgesprochen ist, die Bestimmung hatte, die eigene Handlungsweise dem Nachfolger zur Nachahmung zu empfehlen, so mußte ja hier nicht bloß auf eigenthümliche Weise die Vergangenheit Friedrichs selbst beleuchtet, sondern auch ein Licht voraus geworfen sein auf die Zukunft. Zu diesem Allem kam aber noch ein ganz besonderer Reiz, welcher die Matinées vor allen andern bekannt gewordenen arcana imperii auszeichnete, von dem Berichte des Augustus über seine eigene Regierungsgeschichte an bis auf das Testament politique Richelieu's, die Betrachtungen Ludwig's XIV. über die Aufgaben eines Königs, bis auf das politische Testament Peter's des Großen und Washington's Farewell Address. Während nemlich in allen diesen Schriften, die beiläufig gesagt in der englischen Review sämmtlich für ächt gehalten werden, vor den großen Staatsgrundsätzen und Entwürfen, welche für die betreffenden mächtigen Reiche die Richtschnur sein sollten, der Schreibende selbst fast ganz zurücktritt, so sammelt sich in den Matinées die Theilnahme hauptsächlich um die Persönlichkeit Friedrichs selbst. **Nicht sowohl seine Staatsgrundsätze, als das tiefste Innere seiner Seele, die verborgensten Geheimnisse seines Privatlebens** — dieß geht, wie wir sehen werden, besonders aus der Ausführlichkeit in der Behandlung eben dieser Gegenstände hervor — **sollen uns enthüllt werden.** Daß es sich wesentlich darum handelt, das hat auch der englische Kritiker mit richtiger Witterung herausgefühlt, und die Matinées seinen Landsleuten unter der Ueberschrift: Confessions of Frederick the Great vorgeführt. Bekenntnisse, Geständnisse haben wir also vor uns, von Friedrich dem Großen selbst vor der Welt, oder vielmehr nach seiner eigentlichen Absicht, eigenthümlicher Weise, vor seinem neunzehnjährigen Neffen abgelegt. Diese Confessions waren durch einen unerklärlichen Zufall vor die Augen der Welt gekommen und dieselbe hatte, vorausgesetzt die Matinées rührten in der That von Friedrich selbst her, den besten

Schlüssel zu dem besonders für Fernerstehende oft räthselhaften Charakter des Königs. Hatte man ja doch, um zunächst nur dieß zu erwähnen, vor seiner Thronbesteigung ziemlich allgemein einen ganz Andern erwarten zu müssen geglaubt, als wie er nachher sich zeigte. Statt ein weichliches, den Musen und dem Vergnügen gewidmetes Leben in Frieden und üppiger Ruhe zu führen, hatte dieser Mann plötzlich die halbe Welt in Bewegung gesetzt, auf fast allen Gebieten menschlicher Thätigkeit sich als einen der bedeutendsten Männer der Geschichte erwiesen und Herrschertugenden an den Tag gelegt, wie sie sich selten in einem einzigen Sterblichen zusammenfinden. Ueber dieses wunderbare Doppelleben also, über die eigenthümliche Mischung von Helden- und Herrschergröße mit philosophischen und dichterischen Bestrebungen, über den merkwürdigen Gegensatz seiner kühnen und aufreibenden Feldherrnlaufbahn, sowie seiner rastlosen Thätigkeit für den Staat zu seiner Neigung, im Verein mit wenigen geistreichen Männern Wissenschaften und Künste in seiner Einsiedelei zu pflegen, über dieses Alles sollte man jetzt in ganz unerwarteter Weise Aufschluß erhalten, wenn Friedrich wirklich als Verfasser dieser Schrift sich endlich einmal rückhaltlos über sich selbst ausgesprochen hatte. Dieß Letztere nun nimmt die englische Zeitschrift unbedingt an, indem sie eben in den vom Verfasser der Matinées ausgesprochenen Gedanken den stärksten Beweis für die Aechtheit der Schrift findet. Schon aus diesem Grunde ist es angezeigt, eine ausführlichere Inhaltsangabe der Matinées vorauszuschicken; wir gewinnen ohnedieß dadurch allein eine genügende Grundlage für unsere Untersuchung. — Wir geben den Inhalt, soweit er, einige unbedeutendere Abweichungen abgerechnet, den verschiedenen Ausgaben gemein ist.

II.

In der ersten Morgenstunde spricht der Verfasser vom Ursprung des Hauses Hohenzollern. Dasselbe hat wie andere Fürstenhäuser seine Macht aus den Zeiten der Unordnung, wo man durch Auflehnung oder scheinbare Unterwürfigkeit gegen das Oberhaupt sich in den Stand setzen konnte, neue Staaten zu bilden. Denn es ist eine kindische Politik, Etwas nicht zu nehmen, was man nehmen kann. Nachdem von Thassilo an das hohenzoller'sche Haus durch Rechte des Uebereinkommens, des Schutzes und der Anwartschaft gewachsen war, zog es erst der große Kurfürst aus dem Stande der Ebenbürtigkeit mit fünfzig andern Fürsten des deutschen Reichs, und erst durch Annahme der Königswürde hat es Friedrich in den ersten Rang erhoben. Dieses Wachsthum darf man nicht den Tugenden der Vorfahren, sondern nur dem Zufall und günstigen Umständen zuschreiben. Der Verfasser spottet über den hohlen Kopf und die verwachsene Gestalt des ersten Königs von Preußen. In einem kleinen Abschnitt spricht er sodann von der Lage des Königreichs, die insofern eine ungünstige sei, als bei der eigenthümlichen Vertheilung der Länder dieselben sich nicht gegenseitig helfen könnten; sodann vom Boden des Landes, der zu einem Drittel brach liege, zu einem Drittel in Flüßen,

Morästen und Holzungen bestehe, dessen letztes Drittel weder Wein, noch Oel, kaum Feldfrüchte und Gemüse, und nur in einzelnen Theilen guten Weizen und Roggen hervorbringe. Uebergehend auf die Sitten der Bewohner giebt er, obgleich es bei der Mischung der Staaten schwer sei, ein Gesammturtheil zu bilden, folgende Schilderung. Die Einwohner sind muthig, abgehärtet, nicht verwöhnt, aber trunksüchtig, Tyrannen auf eigenem Boden, Sklaven im königlichen Dienst, täppische Liebhaber, mürrische Gatten, kaltblütig (vielleicht eher dumm zu nennen), im Rechtswesen gelehrt, wenig bekannt mit Philosophie, weniger mit der Dichtkunst, noch weniger mit der Redekunst; im Aeußern einfach, und sich für geputzt haltend mit ihren gelockten Haaren, großen Hüten, ellenlangen Hemdkrausen, Stiefeln bis zur Mitte des Leibes, kleinen Rohrstöcken, sehr kurzen Röcken und sehr langen Westen. Die Weiber sind stets schwanger oder säugend, sehr sanft, haushälterisch, im Ganzen treu; die Mädchen benützen ihre Vorrechte um so bequemer, da der Staat, um nicht zu Schaden zu kommen, für die Früchte ihrer Liebe durch Unterbringung und rasche Beförderung im Heer ausgiebig sorgen muß. —

Die zweite Morgenstunde handelt von der Religion. Diese ist im Staate nothwendig. Aber einen Mißbrauch derselben darf der Fürst seinen Unterthanen so wenig gestatten, als selbst Religion haben, da diese Tyrannei des Geistes und Herzens sich weder mit den menschlichen Leidenschaften noch mit den politischen Gesichtspunkten verträgt. Denn man könnte sonst nicht über seinen Nachbar herfallen, Bündnisse brechen und Kriege führen. Fern davon, Unfrömmigkeit zur Schau zu tragen, soll er wie die Päbste seinem Range gemäß denken, religiöse Streitigkeiten und Schwärmerei durch Philosophie und Gleichgiltigkeit unterdrücken. Verständig haben die hohenzoller'schen Fürsten die Reformation benützt, um sich ein apostolisches Ansehen zu geben und ihren Beutel zu füllen. Dieselben sind den Kaisern zu lieb Christen, dem Kirchengut zu lieb Lutheraner, den Holländern zu lieb Reformirte geworden. Jetzt ist Gleichgiltigkeit politischer, weil viele Sekten im Reich, in einzelnen Theilen die Reformirten, in anderen die Lutheraner, in andern die Katholiken so überwiegend sind, daß sie Andersgläubige ausschließen. (Das Folgende bis zum Schluß der Morgenstunde fehlt im Drucke von 1766.) Die Juden sind arme Teufel, auf den Betrug angewiesen. Friedrich Wilhelm wollte die drei Bekenntnisse vereinigen und ließ zu diesem Zweck durch einen Beamten eine Abhandlung schreiben, worin über Pabst und Heilige übel geredet wurde und in Alles, ohne sich an Worte zu halten, gesunder Menschenverstand gebracht werden sollte. Die Lutheraner sollten nach Preisgebung ihrer Spitzfindigkeiten den Stützpunkt bilden, die Katholiken Rom ein wenig untreu und die Kalvinisten dadurch herbeigezogen werden, daß man beim Abendmahl nur Gott zum Vertrauten nehme. Bilderverehrung war nach dieser Schrift Köder für das Volk, ein Heiliger nothwendig, der Mönchsstand als zu kostspielig auszutreiben, die Priester mit ihren Haushälterinnen zu verheirathen. (Dieß habe, wird bemerkt, großen Lärmen gemacht.) Zu diesen Zwecken thut Friedrich das Mögliche, um in allen Schriften Verachtung gegen die Reformation zu verbreiten, den Ehrgeiz der Geistlichkeit zu enthüllen und die Unterthanen von allen Vorurtheilen zu befreien. Da ein Gottesdienst nothwendig ist, so muß man einen neuen schaffen, im Anfang ihn zu verfolgen scheinen, und sich dann seiner eifrig annehmen. Voltaire hat schon die Vorrede gemacht, worin er die sich widersprechenden Ansichten in Religionssachen widerlegt, jedes Bekenntniß mit dem Schein der Wahrheit freimüthig schildert, und dem Ganzen durch Erzählungen über die Geistlichen einen heitern Reiz

verleiht. Diese Schrift ist so fließend, daß man gar nicht
nachdenken kann, und auch beim Zweifelhaften mit größter Zu=
versichtlichkeit geschrieben. d'Alembert und Maupertuis haben
ganz genau die Umrisse dazu gezogen und Rousseau arbeitet
schon vier Jahre daran, allen Einwänden vorzubeugen. Es
wird ein Fest sein, die ganze Geistlichkeit tödtlich zu treffen,
fünfzig Folgerungen sind schon für jeden Gegenstand des
Streites da, dreißig Bedenken wenigstens gegen jeden Artikel
der Bibel; Alles, was man bis jetzt vorgetragen hat, wird
als Fabel dargelegt. Juden ist von d'Argens und von Formey
ein Konzil vorbereitet, dem Friedrich vorsitzen und zu dem
von jedem Bekenntniß nur ein Geistlicher, aus jedem Lande
vier Abgesandte, zwei Adelige und zwei aus dem dritten
Stand beigezogen, von dem alle übrigen Geistlichen und sonst
Betheiligten ausgeschlossen werden, damit der heilige Geist
eher den Vorsitz zu führen scheine und alle Beschlüsse nur
nach dem gesunden Menschenverstande gefaßt werden. — Die
dritte Morgenstunde behandelt das Rechtswesen. Man
ist den Unterthanen Gerechtigkeit schuldig. Ich, sagt der Ver=
fasser, bin zu ehrgeizig, um mich durch irgend Etwas belä=
stigen zu lassen. Mein neues Gesetzbuch habe ich nicht ge=
geben, um meine Unterthanen von den Uebeln der Rechts=
verdrehung zu befreien, sondern nur aus Ehrgeiz. Die Rechts=
verdrehung brachte Unglück über Millionen; noch mehr aber
wurde ich erschreckt durch den Geist der Freiheit und den
Schein der Billigkeit, den ich bei den Männern des Gesetzes
wahrnahm und durch die Erinnerung an die Parlamente von
England und Paris, welche oft dem Ansehen des Thrones
zu nahe traten. Diese Männer des Gesetzes reden stets ach=
tungsvoll vom König, können aber allein ihm Gesetze vor=
schreiben und seiner Macht Schranken setzen. So entschloß
ich mich, diese Macht zu untergraben, indem ich die Gesetze
möglichst vereinfachte. Jetzt bedaure ich mit Erröthen, daß

ich durch Verminderung der Rechtskosten und des Stempel=
papiers meine Einkünfte sehr geschmälert habe. Das Wort
Gerechtigkeit kann verschieden ausgelegt werden; jeder muß
auf seine Weise gerecht sein. Mir ist die Gerechtigkeit das
Abbild Gottes, also zu hoch, um sie ganz besitzen zu können.
Eine Körperschaft als Vertreterin des Volkes und Hüterin
der Gesetze kann einem Königreiche Vortheile und dem König
Sicherheit verschaffen; aber man muß ein ehrlicher Mann
sein, um seine Handlungen täglich prüfen zu lassen. Wenn
ich mich so hätte belästigen lassen, so würde man mich viel=
leicht einen gerechten König, nicht aber einen Helden nennen. —
In der vierten Morgenstunde ist die Rede von der
Politik. Dieß ist ein zum Schutze der Fürsten erfundenes
Wort; unter diesem Schutze muß ein Fürst das Ziel aller
Staaten anstreben, nehmlich andere zu täuschen. So schließt
man Bündnisse, um allein zu gewinnen, bricht sie, wenn der
Vortheil es will. Um hier klar genug sprechen zu können,
macht der Verfasser zwei Abtheilungen, von denen die erste
„über besondere Politik" den Rest der Morgenstunde, die
zweite „über Staatspolitik" die fünfte Morgenstunde aus=
macht. Die Lehren jener fassen sich im ersten Satz zusam=
men, daß ein Fürst sich nur von der guten Seite zeigen soll.
So hat Friedrich trotz seiner ursprünglichen Abneigung gegen
das Heer und trotz seines Hanges zur Bequemlichkeit, guter
Küche und Liebe sich nach seiner Thronbesteigung als Sol=
daten, Philosophen, Dichter und Weiberverächter gezeigt, auf
Stroh geschlafen und Kommißbrod gegessen. Er reist Tag
und Nacht ohne Leibwache, in schmucklosem, doch bequemem
Wagen. Er heuchelt Einfachheit und Mäßigkeit im Essen,
weiß sich aber bei seiner Sachkenntniß die besten Genüsse
zu verschaffen. Er stellt sich stets sehr erschöpft, trägt einen
schlechten Rock, freilich unter demselben einen bessern Anzug,
empfängt Jedermann außer den Geistlichen, und indem er

sich nach allen Kleinigkeiten erkundigt, heuchelt er Sorge für seine Unterthanen. In dem Abschnitt „über die Musterungen der Truppen" sagt er, vor jeder Musterung lese er die Namen der Offiziere und Unteroffiziere und unterrichte sich über die Mißbräuche der Hauptleute, um sich bei der Musterung selbst einen besondern Anschein von Gedächtniß und Nachdenken zu geben. Auch erlaube er den Soldaten, über ihre Oberen bei ihm zu klagen. Als Strafe für schlechte Uebungen läßt er die Regimenter vierzehn Tage länger exerciren und ladt die Offiziere nicht zu Tische. Während die Leute als Beweggrund für meine Reisen die Sorge für die Unterthanen annehmen, fürchte ich, vielmehr, meine Statthalter möchten sich sonst empören; andererseits suche ich mich dadurch beim Volke beliebt zu machen. In dem Abschnitte „über die schönen Wissenschaften" preist sich der Verfasser glücklich, daß er es dahin gebracht habe, für einen Schriftsteller gehalten zu werden. Die Schriftsteller sind aber durch ihre Eitelkeit unerträglich. Er dichtet nur, wenn es nichts Besseres zu thun gibt, und hält sich zur Bequemlichkeit einige Schöngeister, um seine Gedanken abzufassen. Er zeichnet d'Alembert mit seiner Gunst aus, weil dieser ihn dann den Parisern als Helden und großen König verkündigt. Er hört sich überhaupt um so lieber auf seine Weise loben, weil ihm seine Handlungen, wie er wohl weiß, kein Oberrecht darauf geben. Voltaire hat er fortgejagt, weil er nicht schmeichelte, nicht, wie er sich stellte, aus Rücksicht auf Maupertuis. Ueberdieß fürchtete er, einmal Voltaire nicht mehr hinreichend bezahlen zu können und dadurch dessen Rachsucht zu erregen. Im größten Unglück zahlt er seine Schöngeister aus, weil diese sonst den Krieg als Thorheit darstellen. In dem folgenden kurzen Abschnitt gibt der Verfasser das Geheimniß an, alle Welt leicht zu befriedigen. Die Unterthanen sollten unmittelbar mündlich oder schriftlich an den Fürsten sich wenden dürfen. Es wird dann ein drei

Zeilen großes Formular für die Antwort gegeben. Mündliche Klagen soll man wenigstens mit geheuchelter Aufmerksamkeit anhören, fest und kurz beantworten; so könne man sich bald von der Langweile der Klagen befreien und das für einen König rühmliche Ansehen der Einfachheit und Sachkenntniß erwerben. Nunmehr kommt der Verfasser noch einmal auf die Kleidung zu sprechen. Im Gegensatz zu seinem verschwenderischen Großvater trägt er nur seine Uniform, nicht um den Soldaten, wie diese glauben, Achtung zu zeigen, sondern um Sparsamkeit zu predigen. Auch auf das Kapitel von seinen Vergnügungen kommt der Verfasser noch einmal. Der Liebe kann man allerdings nicht trotzen, allein meinem Beispiel folgen hieße Statthalter und Offiziere liederlich machen und das Heer zu Grunde richten. Auf die Jagd verzichtet er, wie auf die gute Kleidung, aus Sparsamkeit. Seinen sanften Neigungen für gutes Essen, Wein, Kaffee und Schnaps geht er im Rücken seiner Unterthanen nach, welche ihn für sehr nüchtern halten. Auf das Spiel verzichtet er theils auch aus Sparsamkeit, theils weil man dabei sein Inneres enthüllt, was er durchaus vermeiden muß. Schauspiel und Oper liebt er sehr, muß aber, weil sie sehr theuer sind, die Ausgaben dafür seinen Unterthanen als eine Nothwendigkeit darstellen. In der kurzen Schlußbetrachtung knüpft sich an die Voraussetzung, daß die Menschen in Allem nur den Leidenschaften, dem Ehrgeiz und der Selbstsucht folgen, die Ermahnung, „wenn du für einen Helden gelten willst, greife kühn zum Verbrechen; wenn du für weise gelten willst, verstelle dich mit Kunst." — In der fünften Morgenstunde wird „die Staatskunst" auf drei Grundsätze zurückgeführt. Der erste ist, sich selbst zu erhalten und den Umständen gemäß zu vergrößern. Mein Vater hat nur einen großen Schatz und vortreffliche Soldaten hinterlassen, die ich verdoppelte und Jahre hindurch einübte, so daß Alles meinen Soldaten nachahmte, und sie sich selbst für besser hielten, als die andern. Nach Prüfung meiner Ansprüche auf verschiedene Länder blieb ich bei Schlesien, ließ meine Rechtsgelehrten gegen die der Kaiserin kämpfen und setzte meine Absicht im Kriege durch, da ich ohnedieß durch die Umstände begünstigt war. Mit Geld also, dem Anschein der Ueberlegenheit der Truppen und günstige Umstände abwartend wirst du dein Reich erhalten und vergrößern. Es ist eine schlechte, durch mein und Ludwig XIV. Beispiel widerlegte, Politik, nicht immer auf Vergrößerung zu sinnen; ein König muß durch das Wunderbare Eindruck und sich einen Namen machen. Das europäische Gleichgewicht ist nur ein Wort und nur durch die Verachtung des Systems wird man groß, wie die Seeherrschaft der Engländer beweist. Im zweiten Grundsatz ist das Kapitel von den Bündnissen wieder aufgenommen. Erst wenn Preußen sein Ziel erreicht hat, kann es sich das nur den größten Staaten und kleinen Herrschern zukommende Ansehen von Aufrichtigkeit und Beständigkeit geben. Da es trotzdem, daß Politik fast so viel als Schurkerei ist, noch redliche Menschen gibt mit gewissen Systemen von Aufrichtigkeit, so kann man durch seine Gesandten Alles wagen, besonders wenn diese keine Rücksicht kennen, um Etwas auszukundschaften, und die Gabe haben, sich zweideutig auszudrücken. Von großem Vortheile sind politische Aerzte und Schlossermeister. Nach dem dritten Grundsatz ist der Gipfel der großen Staatskunst, den Nachbarn Furcht und Achtung einzuflößen. Kann man dieß nicht durch wirkliche Macht, so muß man das, was man hat, richtig anwenden. Im Gegensatz zu den Mächten, welche sich glanzvoll vertreten lassen und dadurch nur lächerlich machen, sollen die Gesandten nur durch die edle Art ihres Auftretens Achtung einflößen. Daher sind keine Botschafter, sondern Gesandte anzustellen, da Jene außer dem Verständniß der Staatskunst auch noch eine bedeutende Stellung und großen Reichthum haben müssen, während bei diesen das Erstere ausreicht und große Kosten gespart werden. Bei gewissen Gelegenheiten muß man sich allerdings mit Pracht vertreten lassen. In alle Handlungen muß man möglichst viel Glanz legen, nie schwächlich bitten, sondern stets zu fordern scheinen, sich bei günstiger Gelegenheit stets für nicht gehaltene Versprechungen rächen. Freilich werden darunter die Unterthanen leiden; aber diese müssen dich überhaupt für ein in keiner Sache unschlüssiges, ganz gefährliches, nur auf Ruhm bedachtes Wesen halten. So werden die meisten Menschen betäubt und Ruhm erworben. Fremde sind am Hofe freundlich zu behandeln, um ihnen die Fehler der Regierung zu verbergen, Soldaten durch die vom König zu leitenden Uebungen des Garderegiments, Schöngeister durch Berücksichtigung ihrer Werke, Kaufleute durch Schmeicheleien zu gewinnen. — —

Unsere Inhaltsangabe würde unvollständig sein, gäben wir nicht auch in einem kleinen Nachtrage diejenigen bedeutenderen Stücke, welche die eine und die andere Ausgabe außer dem eben dargelegten Text enthält. — Am Schluß der ersten Morgenstunde hat die Reutlinger Uebersetzung die in den andern Ausgaben fehlenden Sätze: „Allen bürgerlichen Kindern habe ich die Unehlichkeit abgenommen, die sie von allen Professionen und Zünften, nach einer abgeschmackten Gewohnheit ausgeschlossen hielten. Ich erwerbe mir dadurch geschickte Künstler, treue Unterthanen und helfe der Bevölkerung auf, die meine Staaten furchtbar machen müssen. Die Mädchens habe ich aller Schande entrissen, von den Kirchenbußen befreit, die nur Veranlassung zum Kindermorde ist, und dadurch Aufmunterung gegeben, dem Staate nützlich zu werden." In der zweiten Morgenstunde bringt dieselbe nach der Ausführung des Verhältnisses der früheren preußischen Herrscher zur Religion den Zusatz: „Es seye denn, daß die katholischen Fürsten auch einsehen lernten, wie nachtheilig der Mönchs= und Nonnenstand dem Staate seye und eine allgemeine Reformation ihrer Geistlich=keit vornehmen wollten — allein so lange dieses nicht ge=schieht." — Kurz darauf, nach der Bemerkung über das Uebergewicht der Katholiken in einzelnen Landestheilen bringen die Rotter'sche Handschrift und die Londoner Ausgabe die folgenden Sätze: „Und ich wage dir es zu betheuern, daß von allen unwissenden und blinden Fanatikern die römischen die hitzigsten und grimmigsten sind. Die Priester dieser aus=schweifenden Religion sind wilde Thiere, die nichts als blinde Unterwerfung unter ihre Decrete predigen und die gleich Despoten herrschen. Sie sind Mörder, Diebe, Nothzüchtiger, von einem unaussprechlichen Ehrgeize beseelt. Sieh hin auf Rom! Mit welch unverschämter Gier maßt es sich an, den Monarchen befehlen zu wollen!" Unmittelbar darauf bringen eben dieselben den folgenden Zusatz über die Juden: „Fast überall ausgeschlossen, gehaßt, verfolgt, geben sie genau den=jenigen heim, welche sie ertragen, und rächen sich, indem sie die Thoren hintergehen, welchen sie auf ihrem Wege begegnen." Nach dem Satz über die Nothwendigkeit der Mönchsaus=treibung folgt in der Reutlinger Ausgabe noch: „Diese Blut=sauger des Volkes sind die schändlichsten Geschöpfe eines Landes. Betrachten sie nur, mein lieber Vetter, das Land eines geist=lichen Fürsten! Wie arm! wie elend! ist da der Unterthan und wie reich jedes Kloster! Welche nachtheilige Vergleichung für die Mönche!" Die Londoner Ausgabe und die Rotter'sche Handschrift haben einen längeren Abschnitt angehängt an die Besprechung jenes Planes von Friedrich Wilhelm. Es heißt dort: „Man muß dem ganzen menschlichen Geschlechte nütz=lich sein, indem man alle Menschen zu Brüdern macht und ihnen ein sanftes und leichtes Gesetz gibt, zusammenzuleben wie Freunde und Verwandte, indem man ihnen die unum=gängliche Nothwendigkeit einprägt, in Frieden zu leben und zu sterben und ihr einziges Glück in gesellschaftlichen Tugenden zu finden. Sind diese Grundsätze einmal im Herzen der Kinder entwickelt, so wird das Weltall nur mehr eine Familie ausmachen und das so gerühmte goldene Zeitalter wird nicht eine Glückseligkeit erreichen, wie ich sie innig wünsche, und die man ohne nachtheilige Aenderung genießen wird." In der Londoner Ausgabe ist, wie es scheint, mit Absicht kurz vor dem Schluß der zweiten Morgenstunde der folgende Satz weggelassen, der im Rotter'schen Texte mit Beibehaltung der eigenthümlichen Schreibart so lautet: „car enfin ajoutent ils" „il n'y a que la longuer de la queūe de Serpent qui ait pû Sêduir Eve" et dans ce cas, cela prouve un désordre afreux dans l'imagination. In der dritten Morgenstunde bringt die Rotter'sche Handschrift mit der Londoner Ausgabe nach dem ersten Satz, daß man den Unterthanen Gerechtigkeit schuldig sei, folgende Ausführung: „Darunter verstehe ich, mein lieber Neffe, daß man den Menschen und namentlich den Unterthanen Gerechtigkeit zukommen lassen muß, sofern sie nicht unsere Rechte umstürzt und unser Ansehen verletzt. Denn es darf keine Gleichheit bestehen zwischen dem Recht des Herrschers und dem Recht des Unterthanen oder des Sclaven. Aber man muß gerecht und fest sein, wenn es sich darum handelt, zu richten oder das Recht festzustellen zwischen einem Unterthan und einem andern Unterthan. Das ist eine Handlungsweise, welche uns allein Anbetung verschaffen kann." Die Rotter'sche Handschrift hat bei dem Abschnitt über die Möglichkeit der Auflehnung der Rechtsgelehrten gegen die königliche Gewalt noch folgende Ausführung, die wir abermals in der Ursprache geben wollen: Gens de loi parviennent à la longue à lutter avec le Monarque et Souvent ils les renversent. Sous un Prince foible, environné de Ministres ignorans ou avides d'argent, les Légistes s'élevent, se fortifient pour l'amour du peuple, dont

ils feignent d'embrasser la cause, et peu à peu ils viennent
à bout de renverser l'idole qu'ils encensoient publiquement:
Qu'on se Souvienne des menées adroits des Parlemens de
France! Sous prétéxte de dédruire les impôts, ils èxagè-
rent au Monarque les meaux, ils peignent l'Etat courrant
à Sa ruine. Ils échauffent l'audace des ennemis, détruis-
sent le Patriotisme des Sujets, et finissent par s'emparer
de l'administration, au lieu de rendre la justice aux mal-
heureux qui les obsèdent par misère; ils les trûinent à
leur char, les depouillent et les renvoïent piéds nuds
mourir de faim Sur leur fumier. Tous les Philosophes
de Paris s'élevent avec force contre ces depravations ouver-
tes qui s'éxercent impunement contre le foible. Les gens
de justice ont toujours été depravés et avides d'argent
dans ce Royaume, Lisez le Chancelier de l'Hopital et
vous en conviendrez. (Es ist sehr bemerkenswerth, daß bei
der sonstigen Uebereinstimmung zwischen dem Text der Notter=
schen Handschrift und der Londoner Ausgabe eben dieser Zu=
satz, obwohl er einen wichtigen Fingerzeig für die Chronologie
enthält, nicht in den Druck aufgenommen ist. Das Andenken
des großen Staatskanzlers Michel de l'Hospital war be=
kanntlich in Frankreich zwei Jahrhunderte hindurch fast ganz
verschollen. Nun wurde dasselbe aufs Neue geehrt durch einen
Preis, welchen 1777 die französische Akademie auf die beste
Lobrede zu seinem Gedächtniß aussetzte, und durch ein Stand=
bild, das auf den Antrag des Generaldirektors der Künste,
Graf d'Angiviller, am Tage der Vorlesung der Lobrede in
der Gallerie des Louvre aufgestellt wurde. Dieser Zusatz wird
also schwerlich vor dem Anfang der 80er Jahre zu dem ur=
sprünglichen Text gefügt worden sein.) An der Stelle der
nun unmittelbar in der Londoner Ausgabe und in der Notter=
schen Handschrift folgenden Ausführung stehen im Druck von
1766 und in der Reutlinger und Buffon'schen Ausgabe die

folgenden Sätze: „Indem ich die Fortschritte prüfte, welche die Rechtspflege in meinen Staaten machte, erschrack ich, zu sehen, daß in einem Jahrhundert der zehnte Theil von meinen Unterthanen unter ihren Fahnen eingereiht sein würde, und indem ich berechnete, daß man diese Legionen unterhalten müßte, so zitterte ich, als ich sah, daß der zehnte Theil der Einkünfte meines Königreichs in ihre Hände käme."

Am Schluß der Morgenstunde findet sich in der Londoner Ausgabe, wie in der Rotter'schen Handschrift folgender Zusatz: „Der Monarch ist öfter den Wechseln des Schicksals ausgesetzt, als der Despot; aber der Despot muß auch thätig, aufgeklärt und beständig sein. Es bedarf mehr Tugenden, um zu glänzen im despotischen Staat, als im monarischen Staat. Der Höfling schmeichelt dem Monarchen, liebkost seine Laster und täuscht ihn; der Sklave wirft sich vor dem Despoten nieder, faßt Muth und klärt ihn auf; es ist also nützlicher für einen großen Mann, als Despot zu herrschen, aber nachtheiliger für ein Volk, unter dieser Regierung zu leben." In der zweiten Unterabtheilung des Abschnitts „über die besondere Politik", bringt die Reutlinger Ausgabe nach den Worten: „Meine Reisen geschehen ohne Wache" den Zusatz: „Und ohne den Troß von Reiterei und übrigem Gefolge, daß die Unterthanen ruiniren würde. Freilich halten sich die Franzosen darüber auf, die gewohnt sind, ihren König nur in der Ferne und zwischen einem Gefolge zu sehen, das in acht Tagen mehr kostet zu unterhalten als meine halbe Armee." In derselben Ausgabe steht in dem Abschnitt „über die Musterung der Truppen" noch Folgendes: „Ueberhaupt unterhalte ich mich gerne mit den gemeinen Soldaten — nicht sowol um ihre Liebe zu gewinnen, als vielmehr Neuigkeiten zu erfahren, die man mir zu verbergen sucht." Ferner bringt dieselbe in dem Stück „von den schönen Wissenschaften" nach dem Satz: „Gott sei Dank! ich gelte für einen Schriftsteller" die weitere Ausführung: „der mit Ruhm und Ehre beladen und in mehr als einem Fach als Meister anerkannt worden ist; Ich hab' es erlebt, daß meine Schriften in alle möglichen Sprachen übersetzt und von ganzen Nationen mit dem größten Beifall aufgenommen worden sind. Voltaire bahnte mir durch die Herausgabe meines Antimachiavels diese Ehrenbahn und es erweckt mir manche zufriedene Stunde, unter allen jetzt lebenden gekrönten Potentaten der Einzige zu sein, der sich als Schriftsteller darf sehen lassen." Kurz darauf bringt die Rotter'sche Handschrift nebst der Londoner Ausgabe folgende Sätze über die Schriftsteller: „sie sind voll Verachtung gegen die Großen, aber begierig nach Größe, Tyrannen in ihrer Opposition, unversöhnliche Feinde, unbeständige Freunde, unangenehm in ihrem Umgang, oft Schmeichler und Satiriker an einem Tag;" „dennoch sind diese Menschen für einen Fürsten nothwendig, welcher despotisch regieren will und den Ruhm liebt. Sie ertheilen die Ehren; ohne sie erwirbt man keinen festen Ruhm; man muß sie also aus Bedürfniß liebkosen und aus Politik belohnen." Eben daselbst findet sich zu dem Abschnitt „über die Kleidung" der Zusatz: „Man muß die Stickereien und Verbrämungen, die Bälle und die Verschwendung den müssigen und weichlichen Fürsten überlassen, welche in den Vergnügungen leben. Es ist eine Nothwendigkeit für leichtfertige Menschen, darauf zu studieren, sich alle Tage nach einem neuen und gesuchten Geschmack zu putzen, um den Frauen zu gefallen, mit denen sie sich allein beschäftigen." Statt dieses Zusatzes hat die Reutlinger Ausgabe einen andern: „Meine Unterthanen, besonders die am Hofe, richten sich immer nach mir. Höchst selten erscheine ich öffentlich in Schuen und Strümpfen, beständig in Stiefeln — daher meine Bürger sich auch geputzt glauben, wenn sie gestiefelt sind." In dem Abschnitt „In den Ergözungen" bringt dieselbe noch folgende Sätze: „Eben so wenig kann ich

mit Ihren Ausschweifungen zufrieden sein, die Sie in den
Augen Ihrer Unterthanen nur verächtlich machen. Sie haben
eine Gemahlin, Sie haben liebe Kinder, beide werden be=
leidigt, wenn sie sich eine öffentliche Hure halten, und Sie
geben ein böses Beispiel für Ihren Hof und für Ihr Land.
Wie der Herr, so der Diener. Sie kennen meine Leidenschaft
für die Flöte — Und die Hälfte meiner Unterthanen hat
mir nachgeahmt; nicht bloß der Städter, sondern der Bauer
und der Soldat bläst die Flöte. Aber wenn der Fürst sich
Ausschweifungen erlaubt, so entsteht das zügelloseste Leben.
Die Sitten werden durchaus verderbt und auf allen Seiten
bringt es Ihnen Nachtheil m. l. V. Ich habe es Ihnen schon
oft gesagt, schon oft verwiesen — Folgen Sie mir doch einmal
und Sie werden sich gut dabei befinden." Der Reutlinger
und Londoner Ausgabe und Rotter'schen Handschrift gemein
ist der Schluß dieser Morgenstunde: „Wollen Sie für weise
gehalten werden, so verstellen Sie sich mit Geschicklichkeit;"
nur fügt die Reutlinger Ausgabe noch bei: „Die Verstellungs=
kunst ist Ihnen überhaupt nothwendig und ohne welche Sie
nie gut regieren noch die Menschen, die Ihre Person um=
geben, werden kennen lernen." In der fünften Morgen=
stunde hat die Reutlinger Ausgabe zu den Worten über die
Einübung der Soldaten noch den Satz beigefügt: „Dann
nur durch diese Musterungen und die Genauigkeit, mit welchen
ich sie halte, habe ich das Militär in meinen Staaten zu
demjenigen Ansehen erhoben, welches es genießt und in
welchem es verehrt wird;" dann noch Folgendes: „Bald ist
kein Fürst mehr übrig, der nicht das Militär auf preußischem
Fuße eingerichtet habe. Wenigstens ist, die Kleidung ausge=
nommen, das preußische Exercitium fast in ganz Deutschland
bei den Truppen eingeführt." Im Abschnitt, wo es sich davon
handelt, daß man mit Standhaftigkeit Alles durchsetzen könne,
hat die Reutlinger Uebersetzung noch die Ausführung „In

den Jahren 1758 bis zum Frieden 1763 war ich oftmals in einer verzweiflungsvollen Lage; aber meine Standhaftigkeit, mein kaltes Blut zum überlegen hielt mich aufrecht. Ich erzwang mir einen rühmlichen Frieden." Zu der kurzen Auslassung über die Seemacht der Engländer trägt diese Ausgabe noch Folgendes nach: „Es ist nicht zu leugnen, daß das Ende ihrer Oberherrschaft auf dem Meere, nach der Lage ihrer jetzigen Angelegenheiten mit den widerspenstigen Colonien, ein Ende nehmen werde. Ich selbsten trage alles bei, die Schifffart unter meinen Unterthanen zu befördern und die preußische Flagge in allen Ländern wehen zu lassen." Es wird sodann ausführlich die Geschichte der Erwerbung von Polnisch-Preußen erzählt, namentlich die Nothwendigkeit der Eroberung Danzigs für die künftige preußische Seemacht aus einander gesetzt. — An der Stelle, wo von der Auswahl der Gesandten gesprochen wird, steht der Zusatz: „In diesem Fache habe ich wahre Meister gezogen, wovon ich Ihnen nur den verstorbenen Plotho anführen will. Er allein vernichtete tausenderlei Anschläge wider mich, und wo seine Geschicklichkeit Nichts helfen wollte, brauchte er Gewalt, um mein Ansehen zu behaupten. Da mich ein Theil des Reichstags in die Acht erklären wollte, warf er den kaiserlichen Notar, der ihm die Acht insinuiren sollte, zum Fenster hinaus." Dann folgt noch in derselben Ausgabe an der Stelle, wo die Rede davon ist, daß es allerdings Gelegenheiten gebe, bei welchen man besondere Pracht entfalten müsse, eine drollige Beschreibung der Aufnahme einer türkischen Gesandtschaft in Berlin im Jahre 1763, welche wir jedoch wegen ihrer Länge hier nicht wiedergeben wollen.

Durften wir uns der Aufgabe einer einfachen, an die im Text vorliegende Reihenfolge sich bindenden Inhaltsangabe schon deßwegen nicht entziehen, weil in der That eine nicht gering anzuschlagende Handhabe zur Beurtheilung unserer Schrift in der Gedankenordnung und in der mehr oder weniger ausführlichen Behandlung einzelner Gegenstände an sich gegeben ist, so durften wir es um so weniger gegenüber der eigenthümlichen Art, wie in der bereits mehrfach angeführten englischen Zeitschrift der Inhalt dargestellt ist. Das dort eingehaltene Verfahren wird von dem Herausgeber der Freiburger Ausgabe „eine geistreiche Analyse" genannt und es wird zugestanden, daß besonders durch diese „geistreiche Analyse" der ganze Artikel Confessions of Frederick the Great „interessant" sei. Indem wir dieses Letztere nicht bestreiten, müssen wir doch unsere Ueberzeugung unumwunden dahin aussprechen, daß jene „geistreiche Analyse" uns ganz dazu angethan scheint, dem Leser ein nicht entsprechendes Bild von unserer Schrift zu erzeugen. Der Verfasser jenes Aufsatzes leitet aus der Weltgeschichte, aus den Beispielen anderer großer Staatslenker, des Augustus, Richelieu, Ludwig XIV., Peter d. Gr., und Washington, aus dem Bedürfniß einer zuverlässigen Darstellung der Beweggründe und Meinungen des Absolutismus im achtzehnten Jahrhundert, aus dem Geist, Charakter und den Thaten Friedrichs des Großen, aus dem Bedürfniß, dem preußischen Staat seine Bahnen für die Zukunft vorzuzeichnen, und aus der eigenthümlichen Beschaffenheit des Königreichs Preußen die Nothwendigkeit her, daß Friedrich II. die Matinées Royales schreiben mußte, „die gräßlichste Darstellung des Zustandes des untergehenden Königthums in Europa vor einem Jahrhundert, als dasselbe seinen ritterlichen und religiösen Charakter verloren und sich nicht der Beaufsichtigung durch Gesetz und öffentliche Meinung unterworfen hatte," „als die Religion ihr Ansehen unter den Massen verloren hatte, als die Vornehmen verderben und die Verwaltung zentralisirt war," „die Lehren einer Kunst, die Friedrich selbst vervollkommnet und ausgeübt hatte." Derselbe hebt ziemlich

willkührlich einzelne Theile aus den **Matinées** heraus und
stellt sie als die leitenden Gesichtspunkte der Schrift an die
Spitze, z. B. den Satz, daß man als König nehme, wenn
man könne, und man nur Unrecht habe, falls man das Ge=
nommene zurückgeben müsse, und den Satz, daß man sich dem
Verbrechen nähern müsse, um für einen Helden gehalten zu
werden. Er vermischt ferner fortwährend seinen Bericht über
den Inhalt der Schrift mit einseitig dargestellten geschicht=
lichen Thatsachen und mit seinen eigenen Ueberzeugungen und
Ansichten, so, wenn er an den Satz, daß man als König
nehmen müsse, was man könne, die Bemerkung anfügt, daß,
während die Wegnahme Schlesiens noch mit gesetzlichen
Gründen vertheidigt worden sei, „Polen das erste Opfer für
die Thunlichkeit abgegeben und der Urheber der Theilung (!)
ganz angemessen mit scharfsinniger Einfachheit in den Matinées
den Grundsatz dargelegt habe, nach welchem die Theilung
vollendet wurde." Wir haben in jenem Aufsatze weniger eine
eigentliche Inhaltsangabe vor uns, als eine übrigens sehr
befangene Schilderung des Königs Friedrich II., in welche
dann nur einzelne dem im Voraus schon festgestellten Bild
entsprechende Stellen aus den Matinées eingestreut werden.
Sehr natürlich ist es auch, daß der ohnedieß lockere Zu=
sammenhang noch mehr gelockert werden muß, wenn der
Verfasser einmal sein Lob über Friedrichs politischen Scharf=
sinn, Tiefe, Sachkenntniß und Folgerichtigkeit nicht zurück=
halten kann, und ein anderes Mal sich bemüßigt sieht, die
in den Matinées niedergelegten Ansichten zu tadeln und zu
bekämpfen, wie er z. B. der auf der Gleichgiltigkeit in reli=
giösen Dingen beruhenden Duldsamkeit die Sätze entgegen=
stellt, „daß die Rechtswissenschaft auf Ethik sich gründe und
Moralität auf das Dogma," „daß ächte Einheit des Glaubens,
oder mit andern Worten Unduldsamkeit demnach eingeschlossen
sei in dem allgemeinen Gesetz jedes Volkes, welches seinen

eigenen Glauben bewahre." Wenn wir aber so einerseits in jener Inhaltsangabe durch sehr viel nicht zur Sache Gehöriges gestört werden, so vermissen wir andrerseits sehr wesentliche Bestandtheile der Matinées. Es ist nemlich versäumt worden, uns auch einen Auszug zu geben aus jener breiten Ausführung über den Ursprung des Hauses Hohenzollern, über die Lage, den Grund und Boden des Landes, über die Sitten der Einwohner; auch fehlen gänzlich die Bemerkungen über die Nothwendigkeit der Beschützung unehelicher Geburten. Hatte der Verfasser der Matinées dadurch, daß er „die besondere Staatskunst" der allgemeinen voranstellt, jene viel ausführlicher behandelt, in derselben Wiederholungen auf Wiederholungen häuft, hatte er durch die vielfachen Enthüllungen über die Persönlichkeit und das Privatleben des Königs offenbar gezeigt, daß ihm eben hierin der Kern der ganzen Abhandlung liege; wie mager nimmt sich dieser für die ganze Schrift so bezeichnende Theil in der Inhaltsangabe der englischen Zeitschrift aus! Es sind z. B. die Bemerkungen über den unmittelbaren Verkehr des Königs mit den Unterthanen, über die Liebe, die Jagd, das Spiel und Theater u. s. w. übergangen, während der Verfasser der Matinées doch auf diese Dinge das größte Gewicht legt und in seinen Ansichten über dieselben und seinem Verhalten ihnen gegenüber das Heil des Staates nicht weniger begründet sieht, als etwa in seinen Grundsätzen über Religion und Rechtspflege. Unschwer ist zu erkennen, daß der englische Kritiker zu seinem eigenthümlichen Verfahren lediglich durch seine Voraussetzung veranlaßt worden ist, daß wir in den Matinées eine Schrift besitzen, die dazu bestimmt und berufen sei, „Allen, welche Friedrich zu ihrem Idol gemacht, jeglichen Vorwand zu nehmen, demselben noch ferner sittliche Achtung und Ehre oder vaterländische Gesinnung beizulegen." Wenn er so von Anfang an die Ansichten Macauly's über Friedrich zu den seinigen gemacht hat, und eben die Matinées nun als Zeugniß dafür aufstellt, daß Carlyle, „dem Friedrich eine Realität ist, stets denkt, was er spricht, stets seine Handlungen auf das gründet, was er als das Rechte erkennt," Unrecht habe, wenn er für die Matinées also eine so hohe geschichtliche Bedeutung in Anspruch nimmt, so war es freilich für ihn angezeigt, Alles, wovon er fürchten konnte, es möchte einen einfach armseligen und lächerlichen Eindruck machen, entweder ganz wegzulassen oder nur kurzweg im Schlepptau von Bedeutenderem mitzuführen, das Uebrige aber mit Geschicklichkeit so zusammenzustellen, daß in der That eine Art von System herauskommt, welches genau des Verfassers eigenthümlicher Auffassung von Friedrichs Wirken und Leben entspricht. Allerdings sollte man eher denken, je höher die Bedeutung der Matinées angeschlagen werde, eine um so größere Verpflichtung müßte jeder ehrliche Forscher fühlen, voraussetzungslos der Sache, der Wahrheit, dem Ernst der Wissenschaft gemäß vorzugehen. Einer solchen Erwartung hat der englische Kritiker nicht entsprochen. — —

Ehe wir weiter gehen, müssen wir noch einen kurzen Blick auf die oben angeführten größern Zusätze der einzelnen Handschriften und Ausgaben werfen. Eine rasche Uebersicht zeigt uns, daß dieselben der Mehrzahl nach ziemlich wahllos und absichtslos hier und dort verstreut sind, daß überhaupt der Text, wie es auch bei der Art seiner Ueberlieferung ganz begreiflich ist, fortwährend ein flüssiger war. Die Art übrigens, wie die Mehrzahl jener Zusätze zum ursprünglichen Texte hinzugekommen ist, kennen zu lernen, dürfte für denjenigen, welcher die ganze Schrift begreifen will, lehrreich sein, abgesehen davon, daß wir auf jene Zusätze schon deßwegen Rücksicht nehmen müssen, weil in der englischen Zeitschrift auf einzelne derselben ein sehr großes Gewicht gelegt wird.

In der Ausgabe von 1766 und nach ihr in der von Buffon haben wir den magersten Text der Matinées. Am reichsten bedacht mit Zusätzen, die anderswo fehlen, ist die Reutlinger Ausgabe. Dieselben beziehen sich, wie z. B. die Bemerkung über die Ehe des Neffen Friedrichs und über die Theilung Polens häufig auf eine spätere Zeit, als der den Handschriften und Ausgaben gemeinsame Grundstock der Matinées. Sie sind meist an den Schluß eines kleinern oder größern Abschnittes angehängt und unterbrechen im Uebrigen den eigentlichen Zusammenhang nicht. Der Schreiber hat sich, so scheint es, in den meisten Fällen durch den Anklang an etwas gerade ihm Naheliegendes verleiten lassen, mit gutmüthiger Geschwätzigkeit und politischer Kannegießerei sich über alle möglichen Dinge zu verbreiten, so, wenn er die Geschichte des Schriftstellerruhms Friedrichs weitläufig erzählt, von seinem Flötenblasen und seiner Propaganda für dasselbe spricht, über die großen Ausgaben für Opernsängerinnen und über die Mönchs- und Nonnenklöster in katholischen Ländern klagt, dann über den Eindruck, den das einfache Reisen auf die prunkliebenden Franzosen mache, und über die Verbreitung der preußischen Art kriegerischen Uebungen in Europa sich ausläßt, den Engländern das Ende ihrer Seemacht weissagt, dann sein Verlangen nach der Stadt Danzig kund giebt und berichtet, wie sein treuer Plotho unangenehme Gesandte zum Fenster hinausgeworfen, wie sonderbar eine türkische Gesandtschaft sich in Berlin geberdet habe u. s. w. Merkwürdiger Weise fehlen aber trotz dieser Fülle in der Reutlinger Ausgabe die meisten Stellen, die oben als Zusätze der Acton'schen und Notter'schen Handschrift hervorgehoben worden sind. Und doch war bei der späten Zeit, da jene Uebersetzung gefertigt wurde, Nichts leichter, als eine größere Zahl der damals, wie der Herausgeber bemerkt, in der ganzen Welt zum Kauf ausgebotenen Hand=

schriften zusammenzustellen und was die eine nicht hatte, aus
der andern zu ergänzen. Noch erstaunlicher wird dieser Um=
stand dadurch, daß auch hier, ganz wie in der Buffon'schen
Ausgabe, gerade die nach dem Urtheil der englischen Zeit=
schrift „bezeichnendsten Stellen" fehlen, Stellen, die der Reut=
linger Herausgeber, würde er sie gekannt haben, aufzunehmen
gewiß nicht unterlassen hätte. Dieselben betreffen zumeist
die Ausfälle auf die katholische Religion, und bei welchem
Punkt läßt derselbe in seinen Zusätzen mehr seiner Feder
freien Lauf, als eben hier? Oder sollte er etwa durch irgend
eine Rücksicht sich haben abhalten lassen, die römischen Priester,
wie in der Notter'schen und Acton'schen Handschrift geschieht,
auch noch „wilde Thiere," „Despoten," „Mörder," „Diebe,"
„Nothzüchtiger" zu nennen, nachdem er doch an andern Orten
die Nothwendigkeit einer allgemeinen Reformation der Geist=
lichkeit, einer Aufhebung der geistlichen Anstalten verkündigt,
die Kirchenbußen gefallener Mädchen eine Veranlassung zum
Kindermorde, die Mönche „Blutsauger des Volks," „die
schändlichsten Geschöpfe eines Landes," die Unterthanen der
geistlichen Fürsten „arm und elend" genannt hatte? Obwohl
ferner die Reutlinger Ausgabe die sonstigen Stellen alle hat,
worin der Ehrgeiz über die Gerechtigkeit gestellt und zuge=
geben wird, daß nur Selbstsucht und die Furcht vor dem
Unabhängigkeitssinn der Rechtsgelehrten die Veranlassung zu
Justizreformen gewesen, daß es überhaupt gut sei, wenn
Jeder nach seiner eigenen Art gerecht sein wolle, so fehlt
doch auch hier die weitere Ausführung dieser Gedanken,
welche die Acton'sche und Notter'sche Handschrift nach dem
ersten Satz der dritten Morgenstunde bringen. Ebenso steht
es mit den andern Zusätzen in diesen beiden letztern, die hier
ebenso fehlen, wie in der 1766er und Buffon'schen Ausgabe.
Da wir keine Rücksicht uns denken können, die für absicht=
liche Weglassung in der Reutlinger und 1766er Ausgabe

bestimmend gewesen sein könnte, so lassen wir uns auch nicht wie die englische Zeitschrift zu der Beschuldigung hinreißen, daß der Abschreiber des Buffon'schen Textes mit Vorbedacht jene Stellen als beleidigend für den französischen Philosophen weggelassen habe. Er hat dieselben einfach weggelassen, weil sie ihm ebenso unbekannt waren, wie den Abschreibern und Herausgebern jener andern Handschriften.

Es verlohnt sich aber sehr der Mühe, den Vorwurf näher zu prüfen, welcher der Buffon'schen Ausgabe gemacht worden ist, um dieselbe gewissermaßen als dunkeln Hintergrund darzustellen, auf welchem sich der Werth der Acton'schen Ausgabe um so glänzender abheben sollte. — Nach der englischen Zeitschrift ist fast jede Aenderung im Buffon'schen Text offenbar veranlaßt worden durch das Verlangen, im vortheilhaftesten Lichte zu erscheinen (almost every alteration is evidently suggested by the desire of appearing to advantage). Wir können nun in Bezug auf Aenderung durch Weglassung an einem ganz einleuchtenden Beispiel nachweisen, wie grundlos diese Behauptung ist. Nachdem nemlich in der zweiten Morgenstunde die Rede davon gewesen war, daß man durch Verhöhnung dessen, was den verschiedenen Bekenntnissen heilig ist, die Vereinigung derselben herbeiführen müsse, bringt die Acton'sche Ausgabe und die Notter'sche Handschrift jenen Zusatz, der davon handelt, man müsse dem ganzen Geschlecht der Menschen nützen, dieselben zu Brüdern machen, ein Leben im Frieden, ein Glück auf der Grundlage gesellschaftlicher Tugenden begründen, das ganze Universum zu einer Familie umbilden u. s. w. Wie konnte nun der Schreiber der Buffon'schen Handschrift, wenn er sich in günstigem Lichte darstellen wollte, jene idyllische Ausführung sich entgehen lassen, die doch den Religionsspötter wenigstens als wahren Freund der Völker und Menschen erscheinen ließ! Wie gut hätte es ferner, um sich in günstigem Lichte darzustellen, gepaßt, wenn im Buffon'schen Text auch jene Stelle aus dem Abschnitt „über die Kleidung" aufgenommen wäre, wo im edelsten catonischen Eifer die müssigen und weichlichen Fürsten, die nur für Vergnügen und Ausschweifung Sinn haben, sowie die hohlen Menschen getadelt werden, die nur darnach streben, durch hübsche Kleider den Weibern zu gefallen! Es sollen in der Buffon'schen Ausgabe manche den französischen Philosophen unangenehm berührende Kleinigkeiten weggelassen worden sein. (Many little touches which would not sound well in the ears of a French philosopher are carefully expunged.) Das Erste, was hierunter zu begreifen wäre, möchte etwa die Aeußerung sein: „Wenn ein Fürst die Hölle fürchtet, wie Ludwig XIV. in seinem Alter, so wird er schüchtern." Diese Stelle fehlt aber auch in der 1766er und Reutlinger Ausgabe, die keinen französischen Philosophen zu schonen brauchte. Und vorausgesetzt, der Schreiber der Buffon'schen Handschrift hatte wirklich die Ansicht, die französische Eitelkeit Buffon's müsse geschont werden, was konnte ihn auf den Glauben gebracht haben, dieselbe werde nur verletzt durch eine tadelnde Erwähnung Ludwig's XIV., und nicht auch durch eine solche Bemerkung, wie sie auch in der Buffon'schen Ausgabe über die Pariser Parlamente gemacht wird? Was konnte ferner den französischen Philosophen mehr verletzen, als jene Schilderung der berühmtesten Männer Frankreichs, wie d'Alembert's und Voltaire's, die auch bei Buffon gegeben ist? Und mußte es den Franzosen nicht empfindlich beleidigen, wenn er in der fünften Morgenstunde (2. „Grundsatz") las, wie Friedrich fortwährend mit seinem Volk nur als einem Werkzeug gespielt habe und wie er (3. „Grundsatz") die französischen Gesandtschaften verhöhnt?

Wenn ferner einerseits der Philosoph geschont werden sollte, so müßte andrerseits, wie wohl anzunehmen wäre, auch Alles geschehen, ihm noch Angenehmes zu sagen. Warum fehlt nun in der Buffon'schen Ausgabe jene Lobeserhebung der Philosophie: „Sie ist beständig, lichtvoll, stark und unerschöpflich wie die Natur?" — Daß übrigens der Schriftstellerstolz Buffon's in der Buffon'schen Ausgabe noch mehr verletzt werden konnte, als in der Acton'schen, sieht man aus Folgendem. Die Schriftsteller werden im Abschnitt „über die schönen Wissenschaften" zwar in der Buffon'schen Ausgabe nicht mit jener Fülle von Schimpfwörtern heimgesucht, wie in der Acton'schen, sie werden jedoch immerhin ein durch Eitelkeit unerträgliches stolzes Volk genannt; allein bei Acton wird den Schriftstellern die bittere Pille wieder versüßt durch das Zugeständniß ihrer Macht, Ehren auszutheilen, und durch das Bekenntniß, daß ein Fürst sie durchaus nicht entbehren könne, sondern liebkosen und belohnen müsse. Dieß fehlt aber in der Buffon'schen Ausgabe ebenso wie in der 1766er und Reutlinger, die übrigens beide auch jene Häufung der Ehrentitel der Schriftsteller nicht haben. Es würde ferner kein besonderes Zartgefühl gegen den Philosophen beweisen, wenn am Schluße der vierten Morgenstunde in der Buffon'schen Ausgabe absichtlich die Worte ausgelassen wären: „Wollen Sie für einen Helden gelten, nähern Sie sich kühn dem Verbrechen," und nur die folgenden Gnade gefunden hätten: „Wollen Sie für einen Weisen gelten, so verstellen Sie sich mit Geschicklichkeit." Was die Aenderungen in einzelnen Lesarten betrifft, so können zwei derselben deutlich zeigen, daß der Verdacht der englischen Zeitschrift unbegründet ist. Am Schluße des Abschnitts „über die schönen Wissenschaften" sagt der Verfasser der Matinées, „er habe den Philosophen, die er um sich versammelt, auch in den schlimmsten Lagen ihre Besoldung ausbezahlt. Diese Philosophen machen aus dem Kriege sonst die größte Raserei, wenn er an ihrem Geldbeutel rührt." Statt dessen ist die Sache in der Buffon'schen Ausgabe verallgemeinert, so daß unter dem ausgesprochenen Vorwurf auch Buffon zu leiden hat, indem es dort heißt: „Die Philosophen (also alle insgesammt) machen . . . . .

Es ist, wie man sieht, durchaus unrichtig, so zu sagen, es sei in der Buffon'schen Ausgabe Alles darauf angelegt, in günstigem Licht zu erscheinen, und alle die bittersten Bemerkungen über die Schriftsteller und überhaupt Alles, was Buffon als Schriftsteller beleidigen konnte, weggelassen worden.

Wenn in der englischen Zeitschrift ferner behauptet wird, unter den bezeichnendsten Stellen sei in der Buffon'schen Ausgabe auch diejenige weggelassen, worin der Verfasser den Vorzug der despotischen Regierung ausspreche, so darf dieß nicht so verstanden werden, als ob es an solchen Stellen in der Ausgabe überhaupt fehlte. Dieß ist vielmehr nur mit derjenigen Stelle der Fall, welche auch in den andern Ausgaben fehlt. An vielen andern Orten der Buffon'schen Ausgabe werden aber jene despotischen Grundsätze mit ebenso wenig Rückhalt dargelegt, wie in der Acton'schen, so im Anfang der dritten Morgenstunde, wo es heißt: „Ich bin von Geburt zu ehrgeizig, um zu dulden, daß es in meinen Staaten irgend welche Anstalten gebe, die mich belästigen (quelques ordres qui me gênent, wie auch in der Notter'schen Handschrift steht statt der von dem Freiburger Herausgeber übersehenen Lesart bei Acton: quelque chose qui me gêne.) Ja im folgenden Satz ist der Ausdruck bei Buffon noch stärker, als bei Acton; hier wird nehmlich fortgefahren: „und gewiß ist es dieß was mich genöthigt hat, ein neues Gesetzbuch zu machen," während es bei Buffon heißt: „dieß ist der Gedanke, welcher mich einzig genöthigt hat . . . . Ueber die englischen und Pariser Volksvertretungen heißt es auch bei Buffon: „Wenn ich bewunderte, so schämte ich mich manchmal (doch) für das Ansehen der Throne;" über Volksvertretungen überhaupt lautet das Urtheil: „daß man auf den durch sie gebotenen Vortheil größerer Sicherheit verzichten müsse, wenn man Ehrgeiz habe und nicht belästigt sein wolle." Dann heißt es im Abschnitt „über die Musterung der Truppen" geradezu: „Mein Königreich ist ein despotisches," „Meine Befehle können nicht anders als stolz und unbeschränkt sein," und die Art, wie er herrscht, nennt er „den Ton der Willkührherrschaft." — Wir sehen, der englische Kritiker ist bei diesem Gegenstande wieder in den gleichen Fehler verfallen, wie beim vorigen. Weil eine Stelle, wo von dem Vorzug der Willkührherrschaft die Rede ist, in der Buffon'schen Ausgabe fehlt, (sie fehlt übrigens auch in den andern) so übersieht er ohne Weiteres die übrigen Stellen alle, wo dieselben Grundsätze mit vollkommener Unbefangenheit dargelegt sind.

Die weitere Behauptung Herrn Acton's in der Buffon'schen Ausgabe sei die Stelle ganz ausgelassen, in welcher erklärt wird, Gerechtigkeit dürfe nur erwiesen werden, wenn nicht Staats-Rücksichten in Betracht kommen, ist nicht richtig, denn auch hier heißt es: „Wir müssen uns sehr in Acht nehmen, uns durch die Gerechtigkeit unterjochen zu lassen" und Karl I. wird als Warnung angeführt, mit dem Volk in Beziehung auf Gerechtigkeit sich nicht auf gleichen Fuß zu stellen; „Lassen Sie sich durch das Wort Gerechtigkeit nicht verwirren" heißt es an einer späteren Stelle, und: „Ist es denn etwas Außerordentliches, wenn ein jeder nach seiner Art gerecht sein will," ferner „die Furcht vor der Festigkeit, Unabhängigkeit und dem Geiste der Freiheit, den ich bei den Männern des Gesetzes wahrgenommen, bestimmten mich, diese große Macht zu untergraben." — Wenn der englische Kritiker schließlich in der Buffon'schen Ausgabe auch die Stelle vermißt, wo Friedrichs Meinung über die Katholiken ausgesprochen sei, so soll sich das ohne Zweifel auf jene Anhäufung von Schimpfwörtern beziehen, die über die

römischen Priester in jenem nur der Notter'schen und Acton=
schen Handschrift eigenen Zusatz ausgegossen werden. In
der Buffon'schen Ausgabe ist aber nicht entfernt daran ge=
dacht worden, mit der Meinung über die katholische Kirche
hinter dem Berge zu halten. Dieß beweisen Stellen, wie:
„Alle Päbste, welche den gewöhnlichen Verstand gehabt, haben
ihrer Machterweiterung angepaßte Religionssysteme gehabt"
und „ich verliere nicht die geringste Gelegenheit, um die ehr=
geizigen Absichten des römischen Hofs, der Priester und der
Geistlichen zu enthüllen." Ja während in der Acton'schen Aus=
gabe nur die römische Priesterschaft angegriffen ist, geht die
Buffon'sche noch weiter, indem sie, statt nur zu sagen: Vol=
taire hat ausnehmend heitere Anekdoten über Päbste, Priester,
Bischöffe und Geistliche enthüllt," voranstellt: „über gläu=
bige Seelen," also sogar die Gläubigkeit selbst angreift. Ganz
offen macht auch bei Buffon der Verfasser die Ansichten Fried=
rich Wilhelms über Bilder und Heiligenverehrung, über die
Austilgung der Mönche, über die Aufhebung des Eheverbots
der Priester zu den seinigen und verhöhnt ohne alles Be=
denken die katholischen Kirchenversammlungen.

Wir haben im Bisherigen gesehen, daß der englische
Kritiker in der Buffon'schen Ausgabe alle die Stellen schmerz=
lich vermißt, in welchen der Verfasser der Matinées sich als
Feind der katholischen Kirche, als Despot und als Verächter
der Schriftsteller mit derber Nachdrücklichkeit darstellt. Wir
konnten den Abgang jener Stellen um so weniger bedauern,
oder gar irgend einer bestimmten Absicht oder Rücksicht zu=
schreiben, als sie insgesammt durch andere ähnlichen oder
desselben Inhalts wieder ersetzt werden. Sehr auffallend aber
ist der Umstand, daß der englische Kritiker kein Auge, und
auch kein Wort des Bedauerns, für andere Stellen hat, die
in der Buffon'schen Ausgabe fehlen und keinen anderweitigen
Ersatz finden. Eine solche Stelle folgt z. B. unmittelbar nach

dem Ausfall der englischen Ausgabe auf die Priester, und hätte also sehr leicht beachtet werden können. Es heißt dort nemlich von den Juden statt der oben angeführten Sätze bei Buffon einfach: „Was die Juden betrifft, so sind das umherirrende arme Teufel, welche im Grunde nicht so viel Unrecht haben, als man sagt; sie zahlen gut und Allem nach hintergehen sie nur die Thoren." Diese Buffon'sche Abschwächung und beziehungsweise Weglassung hat der englische Kritiker wohl deßwegen übersehen, weil er keinen Grund sich denken konnte, warum Buffon auch hier geschont werden sollte; denn in ihm auch noch einen leicht zu beleidigenden Judenpatron zu sehen, mochte ihm doch wohl zu lächerlich scheinen. Auch auf jene Stelle am Schluß des Abschnitts „über die Kleidung," wo in der Acton'schen Ausgabe der Verfasser gegen die Prunksucht müßiggängerischer und weiberliebender Fürsten eifert, hat er keine Rücksicht genommen, wahrscheinlich weil er sie auch nicht in der Abtheilung der Stellen unterzubringen wußte, die in der französischen Ausgabe aus Rücksicht auf Buffon weggelassen werden mußten. Wenn derselbe gewußt hätte, daß Buffon viel auf eine feine Kleidung hielt, oder wenn er daran gedacht hätte, daß man in jenen Worten eine Anspielung auf den französischen Hof finden konnte, so hätte er auch hier mit großer Zuversicht behaupten können, die Stelle sei aus Achtung vor dem französischen Philosophen unterdrückt worden. —

Wenn wir der Voraussetzung der englischen Zeitschrift bis in ihre nothwendigen Folgerungen nachgingen, welcher Abgrund von Unsinn würde sich vor uns aufthun! Der Verfasser der Matinées müßte sich Buffon vorgestellt haben einerseits als strenggläubigen Katholiken, andrerseits wieder als Beschützer der Juden, bald als Franzosen von beschränkter National-Eitelkeit, bald als einen auf seinen Schriftstellerberuf stolzen Denker, hier als üppigen Hofmann, dort wieder als sittenstrengen Cato, im tiefsten Grunde seiner Ueberzeugung unsittlich und doch empfindlich gegen jedes unsittliche Wort! Was gab schließlich der englischen Zeitschrift ein Recht, in Buffon einen Menschen vorauszusetzen, oder vielmehr anzunehmen, der Verfasser der **Matinées** habe in ihm einen Menschen vorausgesetzt, der zu einfältig war, um den sittlichen Standpunkt des Verfassers zu erkennen, auch wenn derselbe sich nicht immer gerade solcher Ausdrücke bediente, die der Höhe dieses Standpunktes angemessen waren, der nicht merkte, daß es auf dasselbe hinausläuft, ob man sagt on prie Dieu dans mon royaume comme l'on veut et on l'y . . . comme l'on peut . . . wie es in der Acton'schen Ausgabe heißt, oder wie in der Buffon'schen steht — on fait son salut . . .; der seine katholische Rechtgläubigkeit nur verletzt sieht, wenn man seine Priester mit Schimpfwörtern belegt, nicht aber, wenn man ein System zur Untergrabung des katholischen Glaubens entwickelt; der seine Schriftstellerehre nur beleidigt findet, wenn man eine gewisse Anzahl von Schimpfreden über die Schriftsteller ausschüttet, es aber ruhig erträgt, wenn man nicht bloß über die Schriftsteller, sondern auch über die Wissenschaften mit der unverholensten Verachtung spricht u. s. w. — Es erscheint nicht ganz unwichtig, den Werth jener Zusätze selbst in der Acton'schen Ausgabe, welcher in der englischen Zeitschrift so gar hoch angeschlagen wird, wenn auch nur ganz kurz zu prüfen.

Wie wir schon mehrmals zu bemerken Gelegenheit hatten, bringen dieselben zum weitaus größern Theil nichts wesentlich Neues bei, sondern führen nur Gedanken, die an andern Stellen schon mehr oder weniger deutlich ausgesprochen sind, noch weiter aus. Dabei laufen denn auch häufig offenbare Uebertreibungen mit unter, wie z. B. im Anfang der vierten Morgenstunde, wo in den übrigen Ausgaben nur von der für Staatsmänner gebotenen Selbstsucht die Rede ist, in der

Acton'schen Ausgabe aber noch hinzugefügt ist: Andere zu täuschen oder es ihnen gleich zu thun, „das ist das geheime Ziel, dem alle Welt zustrebt, Große oder Kleine," oder im Anfang der dritten Morgenstunde, wo davon die Rede ist, daß keine unbeschränkte Rechtsgleichheit stattfinden dürfe und die Acton'sche Ausgabe beisetzt: „es darf keine Gleichheit sein zwischen dem Recht des Herrschers und dem Recht des Unterthanen oder — des Sklaven". — Eine Eigenthümlichkeit der Zusätze in der Acton'schen und Rotter'schen Handschrift, wodurch sie sich besonders von denen der Reutlinger Ausgabe sehr unterscheiden, ist, daß sie oft äußerst störend den Zusammenhang unterbrechen. In der zweiten Morgenstunde z. B., wo der Verfasser von dem Plan Friedrich Wilhelms spricht, die verschiedenen Bekenntnisse zu vereinigen, reiht sich in den andern Ausgaben an den Satz: „Was mich betrifft, so habe ich ihn (den Plan) nicht verlassen, und ich schmeichle mir, Ihnen die Ausführung desselben zu erleichtern" ganz ungezwungen und folgerichtig der weitere an: „Sehen Sie, was ich thue, um zu diesem großen Zwecke zu gelangen; ich suche Verachtung zu verbreiten gegen die Reformation" u. s. w. Dieser Zusammenhang wird nun ganz zerrissen durch eine vollständig fremdartige Gedankenreihe in der Acton'schen Ausgabe: „Man muß dem ganzen Menschengeschlecht nützlich sein, dasselbe zu einer Familie machen" u. s. w., die offenbar an ungeeigneter Stelle hier eingeschoben ist. Das Gleiche ist zu bemerken in dem Abschnitt „über die schönen Wissenschaften." Dort heißt es in den andern Ausgaben: „Die Schriftsteller sind ein durch Eitelkeit unerträgliches Volk; es giebt wohl einen Dichter, der mein Königreich ausschlüge, wenn er genöthigt wäre, mir zwei seiner schönsten Verse zu opfern." Dazwischen drängt sich in der Acton'schen Ausgabe jene Sammlung von schlechten Eigenschaften der Schriftsteller, die zum großen Theil mit der Eitelkeit nicht verwandt sind

und an die der zweite Theil des Satzes sich nicht ohne
Zwang anschließt. Während aber ferner an diesen ganz
natürlich der in den andern Ausgaben unmittelbar folgende
sich anhängt: „Da dieß ein Geschäft ist, welches uns von
den des Thrones würdigen Beschäftigungen entfernt, so mache
ich nur (nemlich Verse), wenn ich nichts Besseres zu thun
habe," so wird der Zusammenhang in fühlbarster Weise zer-
trennt durch die beiden in der Acton'schen Ausgabe dazwischen
gestellten Sätze: „Es sind dieß indeß Menschen, welche ein
Fürst braucht, der despotisch regieren will und den Ruhm
liebt. Sie vertheilen die Ehren; ohne sie erwirbt man keinen
festen Ruf; man muß sie also aus Bedürfniß liebkosen und
aus Politik belohnen." Ja manche der in die Acton'sche
Ausgabe aufgenommenen Stellen widersprechen geradezu der
Gesammthaltung der Matinées und dem Texte, soweit er
allen Ausgaben gemein ist. So heißt es in der dritten
Morgenstunde: „Der größte Theil meiner Unterthanen hat
geglaubt, daß ich gerührt gewesen sei von den Uebeln, welche
die Rechtsverdrehung nach sich zog. Ach! ich gestehe es
Ihnen und ich erröthe manchmal, daß ich weit davon entfernt war, sie im Auge gehabt zu haben." Nun bringt die
Acton'sche Ausgabe kurz darauf einen damit und mit dem
Charakter der Matinées überhaupt im vollsten Widerspruch
stehenden Zusatz: „Indem ich jeden Tag die Rechtsverdrehung
wachsen sah — war ich erschreckt über diese krummen und
unendlichen Irrwege, in welche sich Millionen meiner Unterthanen bei ganzer Lebenskraft verloren und verfingen." Nicht
weniger fällt der Schreiber jener Zusätze aus der Rolle,
wenn er im Abschnitt „über die Kleidung" gegen die müssig-
gängerischen und weichlichen Fürsten, gegen ihre Ausschweifungen und Prunksucht loszieht, während er doch sonst, und
namentlich in derselben Morgenstunde sagt, daß er unter den
schlechten Kleidern bessere verberge und heimlich den Aus-

schweifungen und Vergnügungen nachgehe u. s. w. Die Reutlinger Ausgabe bleibt hier besser in der Rolle mit ihrem Zusatz: „Höchst selten erscheine ich öffentlich in Schuen und Strümpfen, beständig in Stiefeln — daher meine Bürger sich auch geputzt glauben, wenn sie gestiefelt sind."

Wenn nach allem diesem von dem englischen Kritiker der Acton'schen Ausgabe deßwegen größerer Werth beigelegt wird, weil sie eine größere Fülle des Inhalts hat, so ist dieß zwar bis jetzt ein bei Beurtheilung der Aechtheit oder Unächtheit einer Schrift unerhörtes Verfahren; aber wenn wir auch je uns demselben anschließen wollten, so könnten wir doch durchaus nicht der Acton'schen, sondern nur der Reutlinger Ausgabe die Palme zuerkennen. Wird aber auf den Inhalt jener Zusätze so großes Gewicht gelegt und gesagt, es sei keine Frage, daß in diesem Texte die innersten Gedanken Friedrichs ausgesprochen seien (it is unquestionable that the real intimate ideas of Frederik are to be found in the text M. de Mèneval) so ist dieß die unberechtigste petitio principii, der gegenüber wir vielmehr versucht sind, die Vermuthung nicht zurückzuhalten, die sich uns bei den in jenen Zusätzen fortwährend wiederkehrenden Ausführungen über die Hauptthemata: Haß gegen die Katholiken und Schriftsteller, Lobpreisung des Despotismus unabweisbar aufdrängt: es habe nehmlich eine dritte Hand, die nur nicht geschickt genug war, die Spuren ihrer Thätigkeit ganz zu verwischen, die betreffenden starken Stellen erst später in den ursprünglichen Text hineinverarbeitet, sei es um den eigenen antikatholischen und absolutistischen Neigungen Luft zu machen, sei es, und dieß ist viel wahrscheinlicher, um den angeblichen Verfasser der Matinées dem verstärkten und vereinigten Haß der Katholiken, Freisinnigen und Schriftsteller preiszugeben. Um ein gewisses Gleichgewicht herzustellen, hätten dann nach den Katholiken auch noch die Juden einen stärkern Hieb abbe-

kommen, und um die zu deutlich sich hervordrängenden Ueber=
treibungen ein wenig zu verhüllen, wären dann jene schönen
Schilderungen von der einstigen Glückseligkeit der durch ge=
sellschaftliche Tugenden zu einer Familie vereinigten Menschen
und jene Stelle als Verzierung beigefügt worden, wo der
Verfasser seine sittliche Entrüstung über Schwelgerei und
Ueppigkeit ausspricht.

Man kann über das Letztere denken, wie man will: so
viel steht nach dem Bisherigen fest, daß jener Vorzug der
Acton'schen Ausgabe, so weit er auf die angeführten Zusätze
sich gründet, eine Täuschung ist, ganz abgesehen davon, daß
die Acton'sche Ausgabe den Werth eines unicum dadurch
verliert, daß wir in der Notter'schen Handschrift ganz den=
selben und an einer Stelle sogar einen ausführlichern Text
haben. —

Aber nicht bloß jene Zusätze, sondern der ganze
Stil und die Schreibart bestätigen dem englischen Kri=
tiker die höhere Aechtheit der Méneval'schen Handschrift gegen=
über der Buffon'schen, und unter den manchen charakteristischen
Zeichen, daß Méneval die ursprüngliche Handschrift vor sich
hatte, wird dieß hervorgehoben, daß eben dieselbe nicht selten
dunkel sei (not unfrequently obscure). Es ist nun höchst
seltsam, daß derselbe Umstand, der für die Méneval'sche
Handschrift spricht, kurz vorher als Zeugniß gegen die Buffon'=
sche angeführt wird. Denn wenn es oben heißt: „ein sehr
verdorbener und oft unverständlicher Text" (a most corrupt
and often unintelligible text) sei von Buffon veröffentlicht
worden — der jetzt vorliegende Text sei aus einer andern
und vertrauenswerthen Quelle genommen," so ist klar, daß
das eine Mal die Dunkelheit für die Méneval'sche, das
andere Mal die Unverständlichkeit gegen die Buffon'sche
Handschrift zeugen soll. Indem der Kritiker weiter sagt,
eine ganz oberflächliche Vergleichung mit Buffon's Abschrift

bezeuge hinreichend die größere Aechtheit der Méneval'schen und indem er dabei aus der ersten Morgenstunde einen Satz herausgreift und an demselben einmal einen reinen Zusatz (mere amplification), das andere Mal einen Unsinn des Abschreibers nachweist (blunder of a copyist), so steht es uns offenbar zu, diese Beweisführung für eine ganz unangemessene zu erklären, sobald wir an mehreren da und dort zerstreuten Stellen nachweisen können, daß die Buffon'sche Ausgabe den bessern Text hat und daß die Acton'sche Fehler bringt, die nur vom Unverstand oder von der Nachlässigkeit des Abschreibers herrühren können. Der Schreiber der Buffon'schen Handschrift war, nach Allem zu schließen, ein in geschichtlichen Dingen allerdings ziemlich unwissender Franzose, — er schreibt z. B. statt Thassilo stets Tavillon (nicht, wie die Freiburger Ausgabe fälschlich angibt, Tarillon); — aber daß er doch über das nachdachte, was er schrieb, beweisen einzelne kleine Abweichungen von den andern Ausgaben; statt zu sagen: „wir waren nur ein Arm des großen Kronleuchters von Deutschland" nimmt er die Sache statt des Bildes und schreibt (hierin auch von dem 1766er Drucke abweichend): „des großen Kaiserreichs"; statt zu sagen, „man müsse nur Gott beim Abendmahl zum Zeugen haben", setzt er: „zum Vertrauten"; mehrmals hat er système statt principe, commissaires statt députés, puissant statt grand, wo die erstern Ausdrücke besser passen. Dann aber hat die Buffon'sche Ausgabe entschieden die richtige Lesart an jener Stelle der dritten Morgenstunde, wo davon die Rede ist, daß Friedrich als ehrgeiziger Fürst ein neues Gesetzbuch machen müßte, um alles ihn Beschränkende wegzuräumen. Bei Buffon nehmlich lesen wir: „Ich kenne das Gewicht, welches sie (die Gerechtigkeit) unter dem Volke hat, und ich wußte, daß die geschickten Fürsten (princes) (so liest auch der Druck von 1766) indem sie ihren Ehrgeiz befriedigten, oft sich Anbetung verschaffen konnten." Statt dessen lesen die Rotter'sche und Méneval'sche Handschrift das im Zusammenhange sinnlose: „daß geschickte Priester" (prêtres). Kurz darauf lesen wir in diesen beiden letztern: „die Gerechtigkeit ist das Abbild Gottes; wer kann demnach einen so hohen Schutz (protection) erreichen"? was keinen Sinn gibt; dagegen steht bei Buffon: perfection, Vollkommenheit, das ganz gut paßt. (Diese beiden Beispiele mögen nebenbei das Verfahren der Freiburger Ausgabe beleuchten. Dieselbe druckt dem Acton'schen Texte nach: prêtres und: protection, unterläßt aber die Buffon'schen Abweichungen anzuführen; dagegen übersetzt sie weislich „prêtres" mit „Fürsten" und: „protection" mit „Vollkommenheit.") Ferner liest die Acton'sche Ausgabe an der Stelle, wo von Volksvertretungen die Rede ist: „man müßte ein guter und von unsern Grundsätzen erfüllter Mensch sein, um zu gestatten, daß man jeden Tag unsere Handlungen abwäge." Die Lesart „von unsern Grundsätzen erfüllt" ist also ein offenbarer Unsinn. Ueberall und namentlich hier ist nur die Rede davon, daß Ehrgeiz und Selbstsucht die einzigen Beweggründe für den Verfasser der Matinées sind, daß er Alles sein will, nur kein guter Mensch. So liest denn auch die Buffon'sche Ausgabe richtiger: „erfüllt von guten Grundsätzen." Und noch an vielen andern Stellen hat die Buffon'sche Ausgabe offenbar die bessere Lesart, als die Acton'sche. Zum Mindesten ist für jeden unbefangen Prüfenden klar, daß auch hier der letztern überall kein Vorzug vor der erstern zukommt. Was der englische Kritiker sonst noch als Kennzeichen des höhern Werthes der Méneval'schen Handschrift anführt, die mangelhafte Rechtschreibung, den raschen, ungleichen Stil, werden wir später besprechen, wenn wir auf die Frage kommen, ob Friedrich überhaupt in dieser Rechtschreibung und diesem Stil wieder zu erkennen ist; zunächst ist nur vorauszuschicken, daß wenn mangelhafte Rechtschreibung, unebener Stil ein untrügliches Zeugniß für den höhern Werth abgeben könnte, wir jedenfalls der Rotter'schen Handschrift noch einen kleinen Vorzug vor der Méneval'schen zuerkennen müßten.

Nachdem wir in Beziehung auf die Beschaffenheit der verschiedenen Ausgaben und Handschriften nachgewiesen haben, daß der Anspruch eines Vorzugs für den Méneval'schen Text ein ganz hohler ist, müssen wir nunmehr einen Schritt weiter gehen und untersuchen, ob dieser Text wirklich, wie die englische Zeitschrift behauptet, einer andern und vertrauenswerthern Quelle entnommen ist, als die übrigen. Mit demselben Anspruch auf die ächteste Herkunft — nehmlich von Friedrich selber — traten auch der Buffon'sche und der im Besitze des Herrn Whittall in Smyrna befindliche Text auf. — Sehen wir zuerst, was uns über den Ursprung der Buffon'schen Handschrift erzählt wird, und ob der betreffende Bericht genügt, etwas annähernd Zuverlässiges festzustellen. Der junge Graf Buffon, Offizier bei den französischen Garden, war auf seine schriftliche Bitte am 18. Mai 1782 Friedrich dem Großen in Sanssouci vorgestellt und von diesem huldreich aufgenommen worden. Wir haben über diesen Vorgang zwei glaubwürdige Zeugnisse; das eine ist enthalten in der Nachschrift eines Briefes, welchen der Vater Buffon aus Montbard am 12. Juli 1782 an Frau Necker richtete. Es heißt dort: „Noch eine kleine Zeitung, da ich noch Platz habe. Mein Sohn ist vom König von Preußen gut aufgenommen worden. — Ich kenne dem Rufe nach ihren Vater ganz wohl: es ist ein Mann, der auf das Beste die große Berühmtheit verdient hat, die er sich mit so viel Recht erworben hat." — „„Majestät, Nichts wird ihm mehr schmeicheln, als die Meinung zu vernehmen, die Ew. Majestät von ihm hat."" Ja wenn Sie ihm schreiben, sagen Sie ihm und erweisen Sie ihm alle meine Ehrenbezeigungen, aber sagen Sie ihm auch, daß ich gleichwohl nicht ganz seiner Ansicht über alle seine Systeme bin. „„‚Majestät, er stellt dieselben nur auf.‘"" Diese Unterredung geschah öffentlich und endigte mit einer noch gnädigeren Aeußerung: „Entzückt, Sie gesehen zu haben." Buffon war, wie wir sehen, als Schriftsteller und Vater so erfreut über die Aufnahme seines Sohnes und über die wenn auch beschränkte Anerkennung seiner eigenen wissenschaftlichen Leistungen, daß er die stattgehabte Unterredung bis in die Einzelheiten, mit Anführung aller höflichen Redensarten erzählt, mit welchen man wohl bei Hofe den Träger eines berühmten Namens aus dem Auslande aufnehmen mag. — (Friedrich der Große selber, an dessen Hofe selten ein berühmter Ausländer vorüberging, machte kein Aufheben von der Begegnung mit dem jungen Mann. Seine Aufmerksamkeit hatte an jenem 18. Mai ein anderer Besuch, nehmlich der des Abbé Raynal, in größerem Maße auf sich gezogen. Wir haben einen Brief von Friedrich, den er noch am selben Tage an d'Alembert schrieb, worin er ausführlich von Raynal, gar nicht von Buffon spricht.) Die zweite Bestätigung des freundlichen Empfangs des französischen Offiziers haben wir in dem Briefe eines Freundes desselben, Herrn Rigoley de Juvigny; derselbe schrieb am 26. Juli 1782: „Ich war schon, mein theuerster Freund, unterrichtet von dem schmeichelhaften Empfang, den Ihnen der König von Preußen zu Theil werden ließ, und von der Art, wie Sie sich bei dieser Gelegenheit benommen haben. Sie haben bei den wenigen Worten (au peu de mots), welche dieser große Fürst, ein guter Beurtheiler des Verdienstes, an Sie richtete, die Achtung empfunden, welche er Ihrem berühmten Vater bewies" u. s. w. Es waren also auch nach diesem Zeugnisse einige wenige freundliche Worte, die Friedrich mit seinem jungen Gaste wechselte, ohne Zweifel eben nur die höflichen Redensarten, welche der

Schriftsteller Buffon mit sichtlichem Behagen der Frau Necker berichtet. Einige Biographen berichten zwar noch, Friedrich habe den jungen Offizier den Frauen seines Hofes mit den Worten vorgeführt: „Ich stelle Ihnen den Sohn des herrlichen Buffon vor; aber ich gebe Ihnen denselben nicht für sein bestes Werk aus." Der Herausgeber des Briefwechsels von Buffon meint, eine solche Unhöflichkeit sei unmöglich im Munde des großen Friedrich und sie würde sich übrigens auch schwer vereinigen mit seiner Bewunderung für den berühmten Mann." Diese Gegengründe wiegen allerdings nach unserem Dafürhalten nicht sehr schwer. Denn Friedrich machte wohl hier und da einen solchen nicht sehr feinen Witz, der Andere verletzen konnte; und von einer besondern Bewunderung desselben gegenüber Buffon wissen wir Nichts. Vielmehr schreibt er an seinen Bruder Heinrich einmal (21. August 1784): Herr Buffon ist in dieser Zeit der Noth der beste französische Schriftsteller, was den Stil betrifft; aber was Philosophie angeht, so zieht er mehr seine Einbildungskraft, als seinen gesunden Menschenverstand zu Rathe." Hat er ja doch bei jener Hofvorstellung selbst es dem Sohne Buffon's gegenüber nicht verschleiert, daß seine Anerkennung ganz gemessene Grenzen habe. Was uns vielmehr an jene Anekdote nicht glauben läßt, ist der Umstand, daß jener Witz, wenigstens so viel wir wissen, älteren Ursprungs ist; ferner die ungetrübte Freude des Vaters Buffon, wie sie sich in dem redseligen Brief an Frau Necker ausspricht, und die Unbefangenheit, mit welcher Juvigny, der den ganzen Vorgang kannte, dem jungen Buffon, dessen Selbstgefühl jener Witz doch hätte empfindlich beleidigen müssen, zu der freundlichen Aufnahme bei dem König Glück wünscht. Wer aber jene Berichte über den Empfang des jungen Buffon, wie sie in den Briefen Juvigny's und des Vaters Buffon vorliegen las, der mußte billig erstaunen über die folgenden Worte des Nachkommen Buffon's,

der im Jahr 1860 schrieb: „Ich gebe hier einen Beweis
der hohen Achtung, welche dem König von Preußen das
unvergleichliche Talent Buffon's einflößte. Bei seiner Rück=
kehr aus Deutschland übergab der Graf Buffon seinem Vater
eine Handschrift, welche ihm der große Friedrich anvertraut
hatte und welche zum Titel hat: Les Matinées de Fréderic II.
A son neveus Frédéric Guillaume, son successeur à la
couronne." Der Herausgeber des Briefwechsels Buffon's
berichtet uns also 1860 eine Thatsache, die 1782 weder
Buffon, noch Juvigny kannte, und von der auch trotzdem,
daß sie in der Oeffentlichkeit stattgefunden haben mußte, in
der übrigen Welt damals gar Nichts verlautete. Was wäre
dem etwas eiteln Vater Buffon und dem gefälligen Freund
Juvigny angenehmer gewesen, als zum Beweis, wie sehr
Friedrich Buffon bewunderte, berichten zu können, daß der=
selbe irgend ein Geheimniß seinem Gaste im Vertrauen mit=
getheilt habe? Was wäre den Klatschern in Berlin will=
kommener gewesen, als über ein zwischen Friedrich und dem
jungen Menschen ausgetauschtes Geheimniß sich unterhalten
zu können? Unbeirrt durch den Mangel jeglicher bestimmten
Nachricht, in der durch Nichts begründeten Voraussetzung
eines innigeren Verhältnisses zwischen Friedrich und Buffon,
ohne zu überlegen, wie werthlos für Buffon das Geschenk
einer schon seit vielen Jahren handschriftlich und gedruckt
im Besitze von Hunderten befindlichen Schrift sein mußte,
wie wenig zu einem auszeichnenden Geschenke gerade die
Matinées sich eigneten — daß der Verfasser der Matinées
die Achtung jedes gebildeten und sittlichen Menschen verlieren
mußte, erklärt der Großneffe Buffon's selbst in einer Aus=
führung voll der edelsten sittlichen Entrüstung —, ohne zu
bedenken, wie wenig der junge französische Offizier und die
Umstände, unter welchen Friedrich ihm die Matinées gegeben
haben müßte, dazu angethan waren, ein für Friedrich sehr

wichtiges Geheimniß zu verbergen, läßt der Herausgeber den König jene Schrift dem jungen Manne anvertrauen! Diese unglaubliche, alle Grundsätze der Kritik versäumende Leichtfertigkeit des französischen Herausgebers wird nur übertroffen von der Art, mit welcher derselbe an einer einzigen Stelle innere Kritik übt. Man traut wirklich seinen Augen kaum bei folgenden Worten: „Es genügt, die Matinées zu lesen, um überzeugt zu sein, daß sie derselben Feder entstammen, welche den Antimachiavel verfaßt hat." Mit derselben Unbefangenheit, mit welcher der Dichter in der Reutlinger Ausgabe das in den Matinées entwickelte System „das Glück des Erdballs" nennt, ist hier — nur nach der entgegengesetzten Seite hin — der Antimachiavel zusammengestellt mit den Matinées. Der Herausgeber kennt den Antimachiavel gar nicht und erlaubt sich auf dessen Inhalt einen Beweis der Identität seines Verfassers mit dem der Matinées zu gründen; ja es geht ihm nicht einmal aus dem Titel Antimachiavel eine Ahnung auf, daß die so benannte Schrift eine Bekämpfung des Macchiavelismus und somit des Inhalts der Matinées sein müsse. Die äußere Kritik des Herausgebers steht auf nicht minder schwachen Füßen. Er sagt einerseits, die Denkwürdigkeiten von Bachaumont erwähnen diese Handschrift, und versichert andererseits, dieselbe sei niemals veröffentlicht worden, während doch nach Bachaumont's klaren Worten die Matinées nur die Erweiterung jenes kleinen Druckwerks Idée de la personne et de la manière de vivre du roi de Prusse sind, also jedenfalls ein größerer Theil derselben schon veröffentlicht war. Auch durfte davon abgesehen der Herausgeber, um ganz der Wahrheit getreu zu bleiben, sich nicht ausdrücken, diese Handschrift sei nie veröffentlicht worden, da er doch wußte, daß der gelehrte Isidore Geoffroy Saint Hilaire dieselbe wenn auch nicht ganz vollständig schon 1844 veröffentlicht hatte. — Der Großneffe Buffon schöpfte aus keiner bessern Quelle, als eben Saint Hilaire. Dieser fand eine Abschrift der **Matinées** unter den ihm von dem früheren Schreiber Buffon's, Humbert Bazile, hinterlassenen Papieren. Dieselbe Abschrift war von der Tochter Bazile's, Frau Beaudesson, auch dem Herausgeber Buffon mitgetheilt worden, der uns berichtet, daß Bazile im Auftrage des ältern Buffon mehrere solche Abschriften gefertigt habe. Der äußere Beweis für die Aechtheit der Handschrift Buffon's soll nach dem Herausgeber des Briefwechsels in einer Stelle der ungedruckten Denkwürdigkeiten eben jenes Schreibers Humbert Bazile liegen. Dieser berichtet nehmlich, er sei einmal mit dem jungen Buffon ausgegangen und nach seiner Rückkehr habe er den Vater desselben in seinem Zimmer gefunden, und er fährt dann fort: „Herr von Buffon empfängt mich kalt und bezeugt mir seine Unzufriedenheit. Herr Necker, sagte er zu mir, ist mit mir nach Paris gekommen, um die Geschenke der Kaiserin zu sehen und ihre Briefe zu lesen, und zugleich das Manuscript des Königs von Preußen, welches ich Ihnen zum Abschreiben gegeben habe: was haben Sie damit gemacht? Ich antwortete ehrfurchtsvoll: Ich habe die Briefe der Kaiserin und das Manuscript des Königs von Preußen sorgfältig eingeschlossen" u. s. w. Zu dieser Stelle bemerkt die englische Zuschrift: das Zeugniß des Schreibers und des Herausgebers Buffon's ist unangreifbar (incontrovertible). — Nun hat vor Allem der Schreiber für die Aechtheit der Handschrift weder zeugen wollen noch können. Was das Zeugniß des Herausgebers anbelangt, so beruht dieß vom Standpunkt der innern Kritik auf einem Unsinn, und was seine äußere Kritik betrifft, so hat derselbe in einem Brief an den k. preußischen Historiographen, Herrn Preuß vom 25. April 1861 sein allerdings früher mit großer Zuversichtlichkeit ausgesprochenes Urtheil zurückgenommen, nachdem er die Gegenerklärung von Herrn Preuß gelesen hatte, die das „Magazin für die Literatur des Auslandes" vom 10. April 1861 brachte und die sich zurückbezog auf ein in der „Staatszeitung" vom 26. Juni 1845 enthaltene Einsprache gegen jenen Abdruck im Constitutionel. Er schreibt nehmlich: „Ich hatte die Abschrift unter meinen Familienpapieren gefunden, ganz geschrieben von der Hand des Schreibers von Buffon" und schließt: „Ich denke bald eine neue Ausgabe des Briefwechsels von Buffon zu veröffentlichen und ich werde mich beeilen, die Aufklärung, die Sie mir gegeben haben, darzulegen." Diese neue Erklärung des Herausgebers scheint zwar nicht ganz wahrheitsgetreu zu sein, indem er ja die seiner Ausgabe zu Grund liegende Handschrift erst von Frau Beaudesson bekommen und nicht selber unter den Familienpapieren gefunden hatte. Was er von der ganzen Sache weiß, ist Nichts weiter, als daß das in seinen Händen befindliche Heft vom Schreiber seines Großoheims geschrieben und eine der mehrern Abschriften war, die dieser Herr nach seiner eigenen Angabe im Auftrage des alten Buffon hatte machen müssen. Er war somit nicht besser hierüber unterrichtet, als wir, wenn wir den Bericht von Bazile lesen. Durch den Umstand, daß der junge Buffon in Deutschland bei Friedrich gewesen war, durch die falsche Voraussetzung, daß Friedrich ein so warmer Bewunderer Buffon's gewesen sei, ließ er sich anfänglich verführen, seine Annahme, Buffon habe jenes Heft von seinem aus Deutschland zurückgekehrten Sohn erhalten und diesem habe der König dasselbe anvertraut, als eine bestimmte Thatsache auszugeben. Indem wir also darauf verzichten müssen, irgend einen erheblichen Beitrag zur Beurtheilung der Aechtheit jener Handschrift aus den Angaben des Herausgebers zu gewinnen, bleibt uns nur noch zu untersuchen übrig, ob in dieser Richtung den von dem alten Buffon und seinem Schreiber gebrauchten Worten „le manuscrit du roi de Prusse" irgend ein Werth beizu=

messen ist. Von der Aeußerung des Schreibers können wir freilich ganz absehen; denn derselbe wiederholt einfach die Worte seines Herrn und hat uns nirgends ein selbständiges Urtheil über die Sache hinterlassen. Das ganze Schwergewicht der Frage würde demnach lediglich auf Buffon's Worte fallen. Die Frage, ob Buffon überhaupt (was ganz wohl möglich ist) Friedrich für den Verfasser der Matinées gehalten habe, ist von keinem Belang, da seinem Zeugniß keine größere Beachtung zukommt, als irgend einem Andern aus so später Zeit, zumal einem Ausländer. (Wir sind allerdings anderer Meinung, als der Freiburger Herausgeber, welcher über eine solche Frage unbedingt einem wissenschaftlichen Franzosen oder Engländer ein unbefangeneres Urtheil zuschreibt, als einem preußischen Professor.) Nun sind wir aber nicht durch den entferntesten Grund gezwungen anzunehmen, „le manuscrit du roi du Prusse" müsse heißen: die vom Könige von Preußen selbst geschriebene Schrift. Im Gegentheil würden wir bei dieser Annahme Angesichts des herrschenden Sprachgebrauchs diesen Worten einigen Zwang anthun. Dazu kommen noch verschiedene Gründe: Es ist erstlich als sicher anzunehmen, daß Buffon, wenn er eine von Friedrich selbst geschriebene Schrift bezeichnen wollte, sich weitläufiger ausgedrückt haben würde; dann ist höchst unwahrscheinlich, daß er, wenn er die wirkliche Handschrift des Königs hatte, ihren Besitz durch Abschriften werthloser machte; drittens können wir nicht glauben, daß Buffon, wenn er einen so kostbaren Schatz besaß, denselben so schlecht aufbewahrte, daß er verloren ging und uns nur eine Abschrift seines Schreibers zurückblieb. Was schließlich die englische Zeitschrift vorbringt, um den Mangel jeder Nachricht über die Sache von Seiten des ältern Buffon selbst erklärlich, und wahrscheinlich zu machen, daß Buffon dennoch die Handschrift vom Könige bekommen habe, nehmlich, er erwähne das Geschenk d. h. offen=

bar das Wichtigste im Brief an Frau Necker nicht, weil er keinen Platz auf dem Papier mehr gehabt, oder weil er nicht daran d. h. an das für ihn Ehrenvollste gedacht, oder weil ihm sein Sohn Nichts davon d. h. von der höchsten Auszeichnung Friedrichs erzählt, oder weil er es für unnöthig gehalten haben könne, davon zu schreiben — die gewöhnlichen Redensarten der Höflichkeit zu berichten war gewiß unnöthiger — alles dieses sind zu alberne Vermuthungen, als daß es sich verlohnte, dabei sich aufzuhalten. Wenn aber behauptet wird, es sei unmöglich einen Grund zur Fälschung auf Seiten des Herrn Humbert Bazile oder Nadault de Buffon zu finden, so ist zu bemerken, daß Herrn Buffon — denn von Bazile kann nicht die Rede sein — eigentliche Fälschung gar nicht vorgeworfen wird. Wenn wir das Zugeständniß, welches dieser Herrn Preuß gegenüber gemacht hat, zusammenhalten mit jenem Bericht Bazile's, so stellt sich einfach Folgendes heraus: der ältere Buffon war, wie Viele zu seiner Zeit, im Besitz einer Handschrift der Matinées; er mochte glauben, daß die Matinées wirklich von Friedrich herrührten, allein auch wenn er dieß nicht glaubte, so mochte die Schrift doch immerhin einigen Werth für ihn haben; er zeigte die Seltsamkeit seinen Freunden und verbreitete sie, wie damals von Vielen geschah, durch Abschriften. Eine dieser Abschriften bleibt unter den Papieren seines Schreibers; von dessen Tochter erhält der Herausgeber des Briefwechsels Buffon's dieselbe. Da ihm die Grundsätze wissenschaftlicher Kritik fremd sind, so schreibt er ohne Bedenken seine Vermuthung nieder (allerdings nicht als Vermuthung, sondern als Thatsache), daß der Sohn Buffon's, der wie er wußte von Friedrich gut aufgenommen worden war, zum Zeichen der Verehrung für den Vater die Matinées als Geschenk erhalten habe; und er macht seine Uebereilung schließlich dadurch wieder einigermaßen gut, daß er auf die Belehrung von Herrn Preuß ohne Weiteres eingeht. —

Ebensowenig als bei der Buffon'schen Ausgabe, ging bei der im Besitze des Herrn Whittall in Smyrna befindlichen Handschrift die Aussicht in Erfüllung, daß wir sichere Kunde von einem wirklich von Friedrich herrührenden Manuskripte der Matinées erhalten können. — Kaum war die Acton'sche Ausgabe im Druck erschienen, und von The Home and Foreign Review als auf der ächten Handschrift beruhend angepriesen worden, so verlauteten mehrere Stimmen, die ächte Handschrift sei in Händen des Herrn Whittall. Das Ergebniß der hierüber angestellten Untersuchung ist Folgendes: Auf die erste Anfrage über den Ursprung der Handschrift kam die Antwort, daß Herr Whittall diese Abschrift selbst genommen und nicht, wie behauptet worden war, vom Herzog von Rovigo unmittelbar erhalten hatte. Im Uebrigen war Herr Whittall damals von der Aechtheit der Urschrift so fest überzeugt, daß er die Abschrift nicht aus der Hand geben, sondern höchstens durch einen Dritten in seiner Gegenwart mit der Acton'schen Ausgabe vergleichen lassen wollte, ja daß er sogar glaubte, der Ursprung der neuerdings in England erschienenen Ausgabe sei auf Jemand zurückzuführen, der seine Abschrift nach sorgfältiger Durchlesung aus dem Gedächtnisse nachgeschrieben habe. In dieser Zuversicht, die einzige, aus der ächten Quelle stammende Handschrift zu besitzen, hatte er früher dieselbe verschiedenen Reisenden, namentlich den englischen Gesandten in Konstantinopel, Bulwer und Canning, gezeigt, unter Andern auch einmal einem preußischen Major, der freilich Einsprache gegen die Aechtheit erhob. Diese Zuversicht wurde aber im Laufe der letzten Monate sehr erschüttert durch die bloße ihm inzwischen kund gewordene Thatsache, daß die Matinées in Europa wohl bekannt seien, und durch unaufhörliche Anfragen besonders aus England, z. B. von Seiten des Herrn Unterstaats-Sekretärs Layard und des Herrn Acton, des Herausgebers der Méneval'schen Handschrift. Herr Whittall nahm sein Versprechen, die Handschrift vergleichen zu lassen, zurück und faßte sogar den grausamen Entschluß, dieselbe zu verbrennen, „denn er könne nicht versichern, daß sein Eigenthum wirklich eine Abschrift der ursprünglichen königlichen Handschrift sei; wenigstens wünsche er weder für noch gegen wenn auch nur entfernt in dieser Sache thätig zu sein." Bei der im Eingang angeführten Erzählung des Herzogs von Rovigo über die Art, wie er in den Besitz seiner Abschrift gekommen sei, können wir uns um so weniger eines Anflugs romantischer Empfindung erwehren, je lebhafter wir uns diesen Vorgang vorstellen. Der kostbare Schatz, an dessen Geheimhaltung Friedrich und seinen Nachkommen Alles liegen mußte, erscheint bei der Ankunft Napoleon's plötzlich auf dem Schreibtisch des Königs, ohne Zweifel dorthin gelegt vom Genius der Geschichte selbst, der endlich einmal durch Savary's Diebeshände der Nachwelt reinen Wein über Friedrich einschenken lassen wollte! „Diebeshände" müssen wir leider sagen, denn dadurch daß Savary seinen Fund vor Napoleon, dem derselbe doch sehr werthvoll sein mußte, verheimlichte und nicht zur französischen Gesammtbeute schlug, steigert sich jenes „Wegnehmen" allerdings zu einem gemeinen Diebstahl. Das corpus delicti selbst ist leider gleich der Buffon'schen Urschrift im Strom der Geschichte wieder untergegangen und Savary hat den Werth seines Fundes selber auf das bescheidenste Maß zurückgeführt, indem er versichert, er habe in dem Heftchen die Handschrift des Privatschreibers Friedrichs erkannt, dessen Name ihm nur entfallen sei. —

Wie wir bei der Buffon'schen und Whittall'schen Abschrift unsere Kunde nicht aus der ersten Quelle schöpfen können, sondern auf Berichte aus einer beträchtlich spätern Zeit angewiesen sind, so ergeht es uns auch bei der Méneval'schen Handschrift. Die einzige Nachricht über den Ursprung derselben finden wir in der mehrerwähnten englischen Zeitschrift, auf die ohnedieß das Vorwort der Acton'schen Ausgabe sich bezieht: „Man wird den Beweis, daß dieses Werk wahrhaftig (véritablement) von Friedrich dem Großen ist, in The Home and Foreign Review III. finden." In jenem Eingangs angeführten kurzen Bericht, an den wir uns zu halten haben, ist uns Manches sehr auffallend. Vor Allem können wir uns keinen Grund denken, warum Méneval sein Geheimniß für sich behielt, statt dasselbe seinem Herrn mitzutheilen, der ihm doch gewiß großen Dank dafür gewußt hätte. Dann ist merkwürdig, daß man in Berlin die Original-Handschrift gar nicht mehr auffinden konnte, wenn doch Méneval dieselbe nicht weggenommen und auch Savary sich nur einer Abschrift des königlichen Schreibens bemächtigt hat; denn wenn man es nicht für nöthig hielt, bis 1806 und 1806 dieselbe unbefugten Nachspürern zu entziehen, warum sollte man nachher und jetzt noch größere Rücksicht nehmen? Der Verfasser der Confessions ... ist zwar hier mit einer kühnen Vermuthung bei der Hand. Indem er sich nehmlich beruft auf die Angabe in der großen Berliner Ausgabe der Werke Friedrichs, wornach die Archive des königlichen Hauses drei Handschriften der Matinées, darunter zwei von Grimm aus Paris zugeschickte, enthalten, sagt er: „die dritte sei mit einem Stillschweigen übergangen worden, welches sehr bezeichnend sein könnte, wenn die Nachricht kritische Genauigkeit beanspruchte; wenn sie eine Abschrift des gedruckten Werkes wäre, so würde sie nicht so sorgfältig aufbewahrt werden; gewiß würde sie nicht in den Archiven niedergelegt worden sein ohne Anmerkung oder Erklärung; und wenn sie irgend ein Zeichen oder Merkmal trüge, durch welches bewiesen würde, daß sie nicht Original ist, so würde ein so wichtiges Zeugniß gegen die Annahme, daß sie ein Werk Friedrichs sei, von den Herausgebern nicht unbeachtet gelassen worden sein; das Zugeständniß, daß diese dritte Handschrift in den Archiven vorhanden sei, sei von einiger Bedeutung, da es ohne Zweifel eine und dieselbe sei, welche Herr von Méneval abschrieb; wir können weder glauben, daß er sich die Mühe genommen hätte, Handschriften abzuschreiben, welche von Grimm aus Paris geschickt waren, noch daß er, der Zutritt zu den Papieren Friedrichs hatte, seine Handschrift nicht kannte." Hiezu ist zu bemerken: Es waren im Jahre 1806 nicht bloß drei, sondern vier Handschriften der Matinées in Berlin vorhanden, von denen eine Savary nach seinem Geständniß gestohlen hat. (Um Vermuthung gegen Vermuthung zu setzen, so kann Méneval diese, ehe sie in Savary's Hände kam, abgeschrieben haben.) Es hätten aber noch mehr in Berlin sein können und könnten jetzt noch mehr dort sein, als drei; allein man hat dort die Anschaffung von noch mehreren nicht für nöthig gehalten, weil man schon einen hinreichenden Vorrath hatte; ferner ist von einer sorgfältigen Aufbewahrung gar nicht die Rede; und wozu sollte man jene dritte Handschrift gerade mit besondern Anmerkungen versehen, wenn sie sich durch Nichts vor den sonst auf dem Markt zu kaufenden auszeichnete? Endlich haben die Herausgeber der Werke Friedrichs nicht Unrecht gehabt, keinen Beweis gegen die Originalität jener dritten Handschrift anzuführen, da ihre Verpflichtung offenbar nur dahin ging, die Schriften zu berücksichtigen, deren Aechtheit bewiesen ist und sie sich doch nicht die Mühe machen konnten, bei den vielen hier und dort vorhandenen Handschriften jedesmal die Kennzeichen anzugeben, aus denen ihre Unächtheit hervorgeht. Schließlich haben wir von Méneval keine Nachricht darüber, welches Heft er abschrieb, ob er seine Abschrift überhaupt aus Berlin genommen hat und ob er die Handschrift des Königs kannte. Das we can neither believe... des Verfassers der Confessions... hat in unsern Augen keinen Werth und wir können nur seine Leichtfertigkeit beklagen, die ihn Dinge als Thatsachen behaupten läßt, bei deren Begründung er uns immer wieder nur auf das verweisen kann, was er glaubt oder nicht glaubt, und auf das, wovon er glaubt, daß es Méneval geglaubt haben müsse. Denn auf eine solche Häufung rein willkührlicher Annahmen läuft es am Ende hinaus, wenn er in seinem Berichte sagt: „er hielt dafür, daß das Manuskript zu den Handschriften des Königs gehöre. (Judging it to be in the handwriting of the King.) Dann befremdet uns sehr das Zartgefühl des Franzosen, der abweichend von der Gewohnheit seiner Landsleute nicht nach dem kostbaren Schatze selbst griff, sondern sich die große Mühe des Abschreibens machte. Auch klingt der Beisatz der englischen Zeitschrift: „Méneval müsse die Handschrift des Königs bekannt gewesen sein" (with which he must have been acquainted), sehr kleinlaut. Herr Preuß, der sich doch auf die Handschrift des Königs verstehen muß, versichert uns, daß weder in Sanssouci noch sonst eine ächte Handschrift sich finde. Der Freiburger Herausgeber bemerkt zwar dazu, daß wir bei sämmtlichen alten Klassikern in große Verlegenheit gerathen würden, wenn zum Beweise der Aechtheit einer Schrift die ursprüngliche Handschrift des Verfassers nöthig wäre. Auf diesen geistreichen Einwand ist zu erwiedern, daß wir allerdings von den meisten Werken Friedrichs die Originalmanuskripte besitzen und daß ja in der englischen Zeitschrift ausgesprochen worden war, „das Geständniß, daß jene dritte Handschrift in den Archiven vorhanden sei, berechtige doch einigermaßen zu dem Schluße, es sei kaum zweifelhaft, daß gerade sie von Herrn Méneval abgeschrieben worden sei," „der ja mit der Handschrift des Königs vertraut sein mußte."

Der englische Kritiker sieht sich offenbar durch den Mangel aller äußern Gründe veranlaßt, uns unmittelbar nach seinem Berichte zu verweisen auf jene „charakteristischen Anzeichen," welche es „wahrscheinlich," also nur wahrscheinlich machen, daß Méneval die ursprüngliche Handschrift vor sich hatte. Vorausgesetzt „die historischpolitischen" Blätter haben Recht, wenn sie versichern, Herr Acton sei zugleich der Herausgeber der Ménevalschen Handschrift und der Verfasser jenes Aufsatzes in der englischen Zuschrift, so staunen wir über die Leichtfertigkeit, womit in der Ausgabe gesagt wird, wir finden in dem Aufsatz der Zeitschrift den Beweis, daß die Matinées „wahrhaftig" (véritablement) von Friedrich seien, während doch in jenem Aufsatze die angeführten Gründe nur ausreichen, „wahrscheinlich" zu machen (make it probable), daß Méneval die Urschrift Friedrichs vor sich hatte. Jene „charakteristischen Anzeichen" bestehen eben in der Beschaffenheit des Stils, einzelnen Fehlern, Auslassungen und Einschaltungen, ferner in der Ansicht des Verfassers, daß die wirklich eigensten Gedanken Friedrichs sich im Méneval'schen Terte wiederfinden, und schließlich in der Vergleichung der Buffon'schen Handschrift mit der Méneval'schen. Im erstern und im letztern Punkt hat sich, wie wir uns überzeugt haben, ein Kartenhaus luftiger und haltloser Beweise an das andere angelehnt und so bliebe noch der Beweis zu prüfen, der sich auf die Uebereinstimmung der Gedanken in den Matinées mit der sonstigen Denkweise des Königs gründet. —

III.

Es wird aber angemessen sein, daß wir zuvor noch alle die äußern Zeugnisse und Beweise gegen die Aechtheit der Matinées aufzählen und abwägen, nachdem wir dasselbe gethan haben mit denen, welche für dieselbe ins Feld geführt worden sind.

Herr Preuß berichtet uns über die Stellung, welche Friedrich zu den Matinées einnahm, Folgendes. Als die sogenannten Matinées Royales vor 96 Jahren durch einen Freund des großen Königs, den Baron Grimm, von Paris nach Potsdam als eine schelmische Neuigkeit eingesandt wurden, schrieb der Obristlieutenant Quintus Icilius an den preußischen Residenten in Hamburg, den Geheimenrath von Hecht, den 2. März 1766: „Nachdem mich der König beauftragt hat, in die Zeitungen von Altona und Hamburg den beifolgenden Aufsatz gegen den schändlichen Verfasser der Matinées du roi de Prusse einzuschicken, so nahm ich mir die Freiheit, theurer Freund, mich an Sie zu wenden, in der festen Ueberzeugung, daß Sie sich gern dazu darbieten und daß Sie Alles beitragen werden, den Ruf dieser abscheulichen Schrift zu vernichten." Schon am 4. März brachte der Hamburger „Unparteiische Korrespondent" den eingesandten Aufsatz, der also lautet: „Es ist jüngst ein gewisses Buch gedruckt worden unter dem Titel: Les Matinées du Roi de Prusse. Es ist wirklich zum Erstaunen, wie Jemand so unverschämt und so boshaft sein kann, solche falsche, unbegründete und unsinnige Dinge zu schreiben, und sich dazu des Namens eines großen Monarchen zu bedienen. Wenn weder das Unehrenhafte, noch das Ungeziemende, noch das Unverschämte eines solchen Benehmens den Verfasser und den Drucker abhielt, die gebildete Gesellschaft solchergestalt zu beleidigen, so hätten sie sich doch sollen abhalten lassen durch die Gefahr, welcher sie sich aussetzen, eines Tages die Züchtigung zu erhalten, welche sie verdient haben." Mit dieser Erklärung schien damals die ganze Sache abgemacht zu sein; denn sogar aus den feindlichen Lagern des Auslandes, wo man doch gewiß eine so scharfe Waffe gern benützt hätte, wagte weder bei Lebzeiten des Königs, noch nach seinem Tode eine Stimme den Beweis des Gegentheils anzutreten. Herr Acton meint nun freilich, die Erklärung Friedrichs fördere unsere Erkenntniß nicht; ob das Buch ächt oder untergeschoben war, Friedrich mußte über die Herausgabe sehr ungehalten werden; in beiden Fällen konnte er es nicht unterlassen, seinen Protest und sein Mißvergnügen auszusprechen. Diesen Einwand kann man an sich wohl zulassen; allein wenn das Buch ächt und die Geheimhaltung für Friedrich so wichtig war, so begreifen wir andrerseits nicht, wie er dasselbe so schlecht verwahren konnte, daß es in dritte Hände kam, noch weniger, warum er nicht, nachdem einmal Etwas davon verlautet hatte, um nicht der Urheberschaft desselben überführt werden zu können, dasselbe sogleich vernichtete oder seinen Nachkommen die Vernichtung vorschrieb. Das Vorhandensein von nicht weniger als drei Abschriften der Matinées in Berlin scheint vielmehr dafür zu sprechen, daß man dort dieselben als eine immerhin unangenehme Seltsamkeit ansah, als solche sie sich aus der Fremde kommen ließ und aufbewahrte, ohne daran zu denken, daß es Ausländern einfallen könnte, sie abzuschreiben und daß die Abschriften in späterer Zeit wieder als das ächte Werk Friedrichs im Buchhandel vertrieben werden könnten. In der Umgebung Friedrichs hatte Niemand an die Aechtheit der Matinées geglaubt, vielmehr nannte man sogleich Andere als Verfasser. Thiébault z. B., der vom Jahre 1765 bis 1784 gute Gelegenheit hatte, den König näher zu beobachten und dem man nach Dohm's Zeugniß, allerdings im Widerspruch mit der Ansicht des Herrn Acton, der ihm alle Glaubwürdigkeit wegen seiner Voreingenommenheit für Friedrich abspricht, keine übertriebene Vorliebe für seinen Helden vorwerfen kann, berichtet uns in Mes Souvenirs de vingt ans de séjour à Berlin, ou Frédéric le Grand 4 Bd. S. 181—183 Folgendes: Der Marschall von Sachsen kam auf Besuch zum König, zweifelsohne mit dem Auftrag, mit ihm den Plan des nächsten Feldzugs zu vereinbaren. Ein noch junger, französischer Offizier, der jedoch schon in Amerika gedient hatte, begleitete den Marschall als sein Flügeladjutant. Dieser Offizier war ein Mann von Fähigkeiten, aber weder vorsichtig, noch zartfühlend. Es wird erzählt, daß er von dem Schreiber Friedrichs die Matinées du roi de Prusse erhielt, oder Gespräche zwischen diesem Monarchen und seinem ältesten Bruder und seinem Erben, nur auf 24 Stunden; und daß er als natürlichen Gegendienst für diese Indiskretion dem Schreiber für dieselbe Zeit des Marschalls Manuskript Rêveries lieh und daß trotz des feierlichsten Versprechens, die Werke zu lesen, ohne sie abzuschreiben, beide die ganze Nacht saßen um sie heimlich abzuschreiben und daß auf diesem Wege das Publikum einerseits die erste Ausgabe der Rêveries und andrerseits die holländische Ausgabe der Matinées erhielt. Es muß mancher Irrthum in dieser Erzählung sein. Es ist ganz sicher, daß Friedrich nie diese ihm unterschobenen Matinées verfaßt hat; gleichwohl ist es möglich und ziemlich wahrscheinlich, daß er in verschiedenen Unterhaltungen Manches von dem Inhalte derselben gesagt haben mag. Vielleicht hat sein Schreiber einige von diesen wirklichen oder untergeschobenen Aeußerungen zusammengetragen und vielleicht kam diese Sammlung in die Hände des französischen Offiziers und wurde in die Matinées verwandelt. Ich gebe diese Vermuthung, weil es sicher ist, daß dieser Letztere, nachdem er den Marschall verlassen hatte und nach Holland gegangen war, dort diese unächten Matinées veröffentlichte und thöricht genug war, sich einzubilden, daß sein Geheimniß Niemand bekannt wäre; daß er später, ein Amt suchend, sich selbst schmeichelte auf Grund einiger unbestimmten Versprechungen, er könnte eine Verwendung im preußischen Dienste erhalten; und daß er, als er in Friedrichs Reich zu erscheinen wagte, festgenommen und nach Spandau gebracht wurde, wo er seine übrige Lebenszeit gefangen blieb und vor einigen Jahren starb." Der Name dieses Offiziers war Bonneville nach Fr. Nicolai, Freimüthige Anmerkungen über des Ritters von Zimmermann Fragmente über Friedrich den großen Bd. 1. S. 181, 182; Bd. 2, S. 253, 254. Wir werden später noch einmal auf diesen Bericht Thiébault's zurückkommen und wollen hier nur dieß feststellen, daß seine Angaben über die Urheberschaft der Matinées bei den Zeitgenossen keinen Angriff erfuhren. Wir haben übrigens ein noch älteres Zeugniß gegen die Aechtheit der Matinées von einem vermöge seiner Bildung und Stellung gewiß urtheilsfähigen Zeitgenossen, Herrn von Grimm, in einem vertraulichen Briefe desselben vom 7. Juni 1765, wo es unter anderem heißt: „die erste aller Eigenschaften eines Fürsten, der die Grundsätze der Matinées hätte, wäre, sie mit der tiefsten Verstellung zu verbergen. Von dem Augenblick an, da man ihn für den Verfasser dieser Matinées hielte, müßte man ihn als verrückt betrachten." Beiläufig geht schon daraus hervor, daß es ganz verkehrt ist, wenn die „historisch-politischen Blätter" meinen, Grimm habe in dem Eingangs angeführten Brief vom 25. April 1765 mit seiner Vermuthung auf Friedrich gezielt. — Bei den Deutschen fand die Aechtheit der Matinées im vorigen Jahrhundert überhaupt keinen Glauben. Man verkaufte dieselben entweder deutsch oder französisch, weil nach dem Ausdruck des Reutlinger Herausgebers „allerlei Würze für Regentschaften darinn ausgetheilt werden, die den Gaumen mehr als unsere gewöhnliche Hausmannskost kitzeln" und man gab dem Volk „die Speise, sie möge nun in Potsdam oder Paris, in Berlin oder Amsterdam zubereitet worden sein," oder man stellte dieselben, wie mit der Rotter'schen Handschrift geschah, in irgend einen Winkel seiner Büchersammlung. Erst nach langen Jahren, als der Constitutionnel die Matinées wieder abgedruckt hatte, wurde man überhaupt wieder einmal an das Vorhandensein dieser Schrift erinnert. Allein damals genügte die Gegenerklärung, welche Herr Preuß in die „Berliner Staatszeitung" vom 26. Juni 1845 schickte. Ebenderselbe legte ein zweites Zeugniß gegen die Matinées ab in dem „Magazin für die Literatur des Auslandes" vom 10. April 1861, als dieselben in der Correspondance inédite de Buffon mit abgedruckt worden waren. Inzwischen waren die Werke Friedrichs herausgegeben worden und die Erklärung der Herausgeber lautete im Eingang: Man wird nicht erstaunt sein, einige Schriften welche Friedrich zugeschrieben worden sind, nicht darin zu finden. Wir haben uns nehmlich mit aller Zuversicht für berechtigt gehalten, diese Stücke für unächt zu erklären und sie beßwegen zu unterdrücken, von den „Considerations sur l'État de la Russie sous Pierre le Grand" bis auf die „Matinées royales" und die „Dernières pensées du grand Frédéric." Dazu kommt noch ein „Commentaire sacré sur le Conte de Peau d'âne," in den „Souvenirs" Thiébault's irrthümlich genannt an der Stelle des „Commentaire théologique de dom Calmet sur Barbe bleue." Bis in das amtliche Verzeichniß der beim Tode Friedrichs gefundenen Handschriften und bis in dasjenige der im Besitze seines Schreibers von Catt befindlichen haben sich noch verschiedene unächte Schriften eingeschlichen. — Die Ausgaben und Handschriften dieser erbärmlichen Satire (der Matinées) gegen Friedrich, welche älter sind, als 1770, enthalten nur fünf Matinées. Später haben die Herausgeber die beiden Matinées Du Militaire und De la Finance beigefügt und das Werk betitelt: Les Matinées du Roi de Prusse, adressées à son neveu, u. s. w. — Herr Preuß hat nach dem Erscheinen der Acton'schen Ausgabe seine frühern Erklärungen im Wesentlichen wiederholt. Herr Acton spricht allerdings Herrn Preuß die Fähigkeit ab, über die Aechtheit oder Unächtheit der Matinées zu urtheilen, wobei ihm der Freiburger Herausgeber getreulich beipflichtet, und es wird der Verdacht nicht zurückgehalten, die Privatmeinung desselben sei durch andere Beweggründe unterdrückt worden; die Matinées hätten in keine amtliche, von dem königlichen Buchdrucker gedruckte, und vom königlichen Historiographen beaufsichtigte Ausgabe aufgenommen werden können; der Ruf Friedrichs sei ein Festungsthurm für seine Nachkommen, der Glaube an seine patriotische Politik und seinen Charakter zum Theil die Ursache der Zuneigung der Deutschen zu den Hohenzollern. Diese letztere wird bei denjenigen, die hier gemeint sind, doch wohl in überwiegendem Maße zurückzuführen sein auf das Vertrauen, welches dieselben in den unter der Regierung der Hohenzollern stehenden Staat setzen; und der Festungsthurm für die Nachkommen Friedrichs ist doch nicht sowohl dessen Ruf, als die Schöpfung eben dieses Staates. Diese aber wäre auch durch die Aechtheit der Matinées nicht gefährdet.

Die „patriotische" Politik Friedrichs war keine deutsche Politik, sondern eine ausschließlich preußische, im schärfsten Gegensatze zu der hergebrachten deutschen Politik stehende; es gibt auch in seinen gesammelten Werken tausende von Stellen, durch welche die nicht preußischen Deutschen verletzt werden könnten, und nirgends können wir auf Seiten der Herausgeber das Streben entdecken, solche Dinge aus zarter Rücksicht zu vertuschen. Herr Acton spricht schließlich die Ansicht aus, schon deßwegen hätten die Matinées in der Sammlung der Werke Friedrichs unterdrückt werden müssen, weil sie eine höchst beleidigende, aber im Grunde doch reizende Schilderung des preußischen Volkes enthalten, und weil eine solche Beleidigung kein Herrscher ungestraft begehen könnte. Nun hat aber weder Friedrich II., noch irgend einer seiner Nachkommen vor seinem Volke eine übertriebene Scheu bewiesen; auch haben sie dazu keine Veranlassung gehabt. Herr Acton legt hier in nicht gerechtfertigter Weise seinen englischen Maßstab an Preußen an. Friedrich selbst hat an andern Orten Schilderungen seines Volkes gegeben, die jedenfalls nicht weniger reizend, als jene in den Matinées, gewiß aber auch häufig nicht weniger beleidigend waren, und solche Schilderungen finden sich allerdings aufgenommen in den gesammelten Werken des Königs. Die Weglassung der Matinées aus diesen ist also sicher nicht zuzuschreiben „dem Gefühle der äußersten Unmöglichkeit, die königliche Familie in die Verantwortlichkeit der Matinées zu verwickeln". Wenn überhaupt, beiläufig bemerkt, die Rücksichten auf die königliche Familie sehr maßgebend gewesen wären, so hätten die Herausgeber doch ohne Zweifel jene Briefe unterdrückt, in welchen anstößige Vorgänge und Verhältnisse in der königlichen Familie besprochen sind. Die nehmlichen Rücksichten, welche die Ausschließung der Matinées veranlaßten, haben aber nach Herrn Acton auch die Auswahl der Briefe bestimmt; so finde

sich z. B. nur ein einziger Brief an Katharina II. vom
21. April 1781, worin Friedrich zum Teschener Frieden Glück
wünscht. Daraus wird rasch der Schluß gezogen, die übrigen
Briefe seien wegen der für Friedrich beschämenden Schmeiche=
leien gegen die Kaiserin nicht aufgenommen worden, „um
nicht ein ungünstiges Licht auf des Schreibers Gefühl für
seine eigene Würde zu werfen". Nun enthält aber die
Sammlung eine Menge von Briefen voll Schmeicheleien ge=
gen fürstliche und bürgerliche Leute, durch welche nach unsern
heutigen Begriffen der Schreiber sich gegen seine eigene Würde
versündigt. Sodann ist es nicht richtig, daß die Sammlung
nur jenen Brief an Katharina enthält; vielmehr haben wir
in derselben noch „die beiden rein menschlichen Briefe" vom
17. Oktober und 26. November 1767, welche die Instruktion
der Kaiserin zur Reform der Gesetze in Rußland vom Jahr
1767 betreffend, die Friedrich auf seinen Wunsch zum Geschenke
erhielt. Angesichts der Thatsache, daß Friedrich 20 Jahre
hindurch in enger Verbindung mit Katharina war, ist aller=
dings vorauszusetzen, daß mehr Briefe vorhanden sein müß=
ten; nicht aber, daß dieselben unter den Gesichtspunkt fallen,
welcher die Herausgeber zur Aufnahme bestimmte. Es sollen
nach der Angabe derselben nur die freundschaftlichen, ver=
wandtschaftlichen und vertraulichen Briefe Friedrichs aufge=
nommen werden. Seine „landesherrlichen Erlasse und ad=
ministrativen Instruktionen bilden ein anderes Moment, das
landesväterliche, für sich; auch seine umfassenden rein poli=
tischen und rein militärischen Correspondenzen, wie seine vie=
len Schlachtberichte und Campagne=Journale werden einst in
selbständigen Ausgaben die Größe des rastlosen Staatsmannes
und Soldaten in immer hellerem Lichte offenbaren". Somit
haben auch die Angelegenheiten „zartester" Natur", von wel=
chen Herr Acton spricht, „wie die Theilung Polens und die
Heirath des Großfürsten Paul mit einer Prinzessin von

Hessen=Darmstadt" einen zu politischen Charakter, um in den bestimmten Rahmen hereingezogen zu werden.

Außer Preuß haben auch L. Ranke und L. Häußer ihr Urtheil in dieser Streitfrage abgegeben. Während Jenem die äußern Gründe gegen die Aechtheit der Matinées genügen und er sich darauf beschränkt, nur einen, allerdings schlagenden Beweis, den wir später noch in das Auge fassen werden, aus dem Inhalt der fünften Morgenstunde herauszugreifen, verweist Letzterer den Matinées gegenüber auf die lange Regierungszeit und die vielen Werke Friedrichs und findet namentlich in der Plattheit und Niedrigkeit der Aeußerungen, in der Selbstherabwürdigung, in der Verhöhnung des preußischen Staates und Volkes, dann in dem Umstande, daß Friedrichs ganze Thätigkeit, Selbstverleugnung und Sparsamkeit als bloße Heuchelei sich offenbaren, endlich in dem Widersinn, daß solche Lehren, wie sie die Matinées enthalten, dem Thronfolger gegeben sein sollen, Gründe genug, die Matinées für unächt zu erklären. Zum Schluß folgt die Erklärung, „es wäre schon der Mühe werth, wenn jemand einmal das im Detail darlegte, schon damit wir nicht alle zwanzig Jahre einmal den Humbug erleben, ein Pasquill von 1766 als neue Entdeckung auszuposaunt zu hören." Die „Grenzboten" brachten einen sehr lesenswerthen Aufsatz von Herrn Sammer, auf welchen wir gelegentlich Rücksicht genommen haben. Auch hier ist das Ergebniß, daß erstlich nirgends eine Thatsache vorliege, aus der man schließen könne, der König habe die Matinées verfaßt, und daß Friedrich überhaupt eine solche Schrift nicht habe schreiben können; am Schluß wird noch die neue Vermuthung ausgesprochen, Herzog von Choiseul sei der Verfasser. Herr Cauer endlich zählt in einem Aufsatze der „preußischen Jahrbücher" „Ueber die Friedrich feindselige Literatur" die Matinées ohne Weiteres zu den Schandschriften, die im vorigen Jahrhundert gegen Friedrich in den Lagern

seiner verschiedenen Feinde verfertigt wurden. Wenn schließ=
lich Herr Acton von Herrn Preuß und der Freiburger
Herausgeber von allen preußischen Professoren annimmt, daß
ihr Urtheil über die Aechtheit oder Unächtheit der **Matinées**
nicht unbefangen sein könne, so übersehen beide den Umstand,
daß im Ausland noch niemals ein Mann von einigem wissen=
schaftlichem Ansehen sich für die Aechtheit entschieden hat.
Vielmehr wird namentlich von der französischen, gewiß
hierin unbefangenen, Kritik entweder eine bestimmte Per=
sönlichkeit als Verfasser der Matinées genannt, oder doch zu=
versichtlich behauptet, Friedrich könne dieselben nicht geschrie=
ben haben. Jouyneau des Loges berichtet ungefähr aus
derselben Zeit, aus der auch Herrn von Grimms Bericht
stammt, „daß man um das Jahr 1766 allgemein den Ver=
dacht hatte, die Matinées du roi de Prusse seien von Vol=
taire." „Einige dachten, die Handschrift, vorausgesetzt, sie
sei vom König von Preußen, sei von diesem Herrscher Vol=
taire anvertraut worden, der dieselbe veröffentlicht habe nach
seinem Bruche mit dem Helden von Potsdam." „Diese letz=
tere Meinung," sagt Jouyneau des Loges, „scheint mir we=
nig für sich zu haben." Der Abbé Denina schrieb die
Matinées du roi de Prusse dem Baron Patono zu, einem
alten piemontesischen Offiziere, welcher lange in Berlin gelebt
hatte und dann in russische Dienste überging. Barbier
erklärt in seinem Dictionnaire des Anonymes, wenn das
Werk von Friedrich wäre, so müßte man es in der Samm=
lung der Werke dieses Fürsten finden; aber es sei nicht auf=
genommen worden in die Oeuvres primitives Berlin 1787,
noch in die Oeuvres posthumes Berlin 1788, noch in das
Supplement zu diesen Köln 1789. Wenn es nicht von
Friedrich II. sei, so sei es wenigstens von irgend einem bos=
haften Beobachter, der seine Physiognomie, seine Gewohn=
heiten, seinen Geist und sogar seinen Stil wohl aufgefaßt

habe. Er führt sodann einen thatsächlichen Irrthum aus den Matinées an, den Friedrich unmöglich sich hätte zu Schulden kommen lassen. Ebenso spricht sich Techener in seinem Bulletin du Bibliophile Paris 1843 gegen die Urheberschaft Friedrichs aus, indem er sagt: „Diese Matinées Royales konnten nur von einem der Feinde Friedrichs verfaßt werden; man darf, um sich davon zu überzeugen, nur in der vierten Matinée, im Abschnitt „von den Vergnügungen" die Art und Weise lesen, in welcher man ihn das Geständniß der erniedrigendsten Schwachheit thun läßt." Von Herrn Acton wird freilich eingewendet, diese Stelle „sei in völliger Harmonie mit dem cynischen Tone des ganzen Werkes, allenthalben wehe derselbe Geist, überall finden wir die nehmliche unveränderte Selbstsucht, den nehmlichen herzlosen Spott über alle sittliche Tugend" u. s. w. Allein dieser Einwand will nicht viel besagen; denn offenbar ist es gerade die Harmonie des Cynismus in den Matinées, und gerade der allenthalben wehende Geist, die Selbstsucht und Verspottung jeder Tugend, was Techener so zuversichtlich aussprechen läßt, daß die Matinées nur von einem Feinde Friedrichs verfaßt sein könnten, und derselbe hebt jene Stelle nur als besonders schlagendes Beispiel aus dem Ganzen heraus.

Nicht bloß die Mehrzahl der Bekämpfer der Aechtheit, sondern auch diejenigen verlegen, wie wir gesehen haben, den Schwerpunkt der Untersuchung in die innere Kritik, welche annehmen, „in den Matinées müsse der Verfasser vor seinem eigenen Bilde gesessen sein; er müsse den wunderbaren Charakter und Verstand besessen haben, welchen er beschreibe." Und die englische Zeitschrift weist uns selber den Weg zu unserer weitern Untersuchung an, indem sie sagt, es finden sich manche Züge in Friedrichs Briefwechsel, die die Behauptungen der Matinées bestätigen. Nur werden wir uns nicht in diesen engen Grenzen halten, sondern außer dem Briefwechsel, dem

allerdings für unsern Zweck eine hervorragende Bedeutung
zukommt, noch die übrigen Schriften Friedrichs berücksich=
tigen, daneben auch einzelne Regierungs=Erlasse, namentlich
auch solche, welche nach Friedrichs Willen geheim gehalten
wurden, überhaupt an manchen Stellen wesentliche Züge aus
der Lebens= und Regierungsgeschichte Friedrichs in den Be=
reich unserer Untersuchung ziehen.

Was vor Allem einige Aeußerlichkeiten betrifft, so finden
wir einen sehr merklichen Unterschied zwischen der **Recht
schreibung** der Matinées und der in den Briefen des Königs
In diesen (fast ohne Ausnahmen) erlaubt sich derselbe ohne
Bedenken große Sünden gegen die Rechtschreibung und in
den Urtheilen über seine Gedichte richten sich hiergegen ins=
besondere die Rügen Voltaire's. Merkwürdiger Weise be=
gegnen wir in den Matinées sowohl bei Acton, als in der
Notter'schen Handschrift, fast allen den bezeichnenden Fehlern
nicht, die dort mehrmals getadelt worden. Um den Unter=
schied für Jeden klar zu machen, wollen wir aus dem An=
fang der ersten Morgenstunde bei Acton — aus der Notter=
schen Handschrift haben wir schon Beispiele gegeben — einige
Sätze anführen und einen neuerdings von Arneth wortge=
treu mitgetheilten Brief Friedrichs an den Großherzog Franz
nachfolgen lassen. Dort heißt es: Dans le temps de désordre et de confusion, on vit s'élever au milieu des nations
un commencement de souveraineté nouvelle. Les gouverneurs des différents pays secouèrent le joug, et bien-
tôt devenus assez grands pour se faire craindre de leurs
maîtres, obtinrent des privilèges dont ils abusèrent, ou
pour mieux dire, par la forme d'un genou à terre, ils im-
portèrent le fond. Dans le nombre de ces audacieux, il
y en a plusieurs qui ont jeté les fondements des plus gran-
des monarchies, et peut-être, à bien compter, tous les
empereurs, rois et princes souverains leur doivent leurs

états. Pour nous, nous sommes à coup sûr dans ce cas."
Jener Brief (vom 12. Januar 1741) lautet: „J'ai vû ayec
un veritable chagrin que V. A. R. avoit pris si mal les
contestations (!) d'amitié que je lui ai faites et que malgré la Justisse de mes droits la Reine Votre Epouse ne
vouloit avoir aucun egard á l'Evidence des mes pretentions
sur la Silessie, j'avoue que je suis en desespoir d'etre
dans la Nessesité d'agir en Enemi envers un prince dont
je me fesois gloire d'etre le plus ferme apui, Je veux etre
Jnocent de tout ce qui s'en poura suivre, mais puisque
vous Interprettez si mal mes Intentions, il ne sera plus
a moi de guardér des mesures et ce qui me fait le plus de
penne, est de voir que je serai obligé de faire malgré moi
du mal á un prince que j'aime et que j'estime et
pour le quel mon coeur sera toujours porté quand
meme mon brad seroit obligé d'agir contre lui. Je suis
Federic." Verschiedene Eigenthümlichkeiten Friedrichs in der
Rechtschreibung sind in den Matinées unbeachtet geblieben.
Während er z. B. seit 1. Juni 1737 sich immer, wie wir
oben gesehen haben, mit Federic unterzeichnete, finden wir
dort die Unterschrift Frederic. — Während wir in allen
seinen Schriften, besonders aber in denen politischen Inhalts
einen knappen markigen Ausdruck wahrnehmen, ist hier die
Darstellungsweise ganz widersprechend dem Zwecke der
Schrift schlotterig und oft von der geschmacklosesten Weitläu=
figkeit. Bei jeder wenn auch noch so wenig passenden Ge=
legenheit wird ein geistloser Witz oder ein hinkendes Gleich=
niß angebracht, Dinge, die nicht hergehören, mit widerlicher
Geschwätzigkeit auseinandergesetzt und wiederholt und während
wir sonst in den Schriften Friedrichs eine scharf logische
Eintheilung des Gegenstandes bemerken, greift hier stets ein
Theil in den andern hinüber und es werden sogar nicht selten
die kurz vorher aufgestellten Begriffe im folgenden Abschnitt

mit andern verwechselt. Kurz wir können, was Stil und Rechtschreibung angeht, in den **Matinées** Friedrich durchaus nicht wieder finden. Sollten wir ferner den **Matineés**, vorausgesetzt sie wären ächt, dem Inhalt nach ihre Stellung in der Reihe der frühern und spätern Schriften Friedrichs anweisen, so befänden wir uns in großer Verlegenheit, denn wir wissen in der That nicht, ob die **Matinées** in einem größern Gegensatz zu den Schriften Friedrichs als Jünglings, oder als Mannes und Greisen stehen. Freilich hat Herr Acton sich auf diesen Umstand vorgesehen und gesagt, in seinen veröffentlichten Schriften gebe sich Friedrich als ein anderer, wie in diesen Matineés, die geheim gehalten werden sollten. Allein es stellt sich heraus, daß die Geheimschriften Friedrichs, die wie es scheint ohne zu große Mühe vor dem Unglück der Matineés in die Oeffentlichkeit zu kommen, bewahrt werden konnten, in ebenso vollkommener Uebereinstimmung mit den andern Schriften und dem Leben Friedrichs stehen, als in schroffem Gegensatze zu den Matineés. Fragen wir weiter nach dem Zwecke unserer Schrift, so war derselbe, wie schon die Ueberschrift besagt, dem Neffen und Thronfolger Friedrichs eine Art von Vermächtniß der Herrschergrundsätze desselben nach allen möglichen Richtungen zu geben. Wir wollen nun zunächst gar nicht untersuchen, ob die Lehren und Grundsätze der Matineés in den Augen irgend eines vernünftigen Menschen dazu angethan scheinen könnten, Segen für den Herrscher und den Staat Preußens zu bringen. Wir haben aber eine Anzahl anderer Vermächtnisse Friedrichs und es lohnt sich sehr, eine kurze Vergleichung zwischen diesen und den Matineés anzustellen. Insbesondere nach dem Teschener Frieden hat der König fast in jedem Jahre irgend ein Schriftstück als letzte Darlegung seiner politischen Grundsätze in den Archiven niedergelegt. Wir wollen nur aus zwei derselben einige Haupt=

sätze anführen, um zu zeigen, durch welche tiefe Kluft diese vom Inhalt der **Matinées** getrennt sind. Am 6. Februar 1744 schrieb Friedrich den „Fürstenspiegel" oder „Anweisung des Königs für den jungen Herzog Karl Eugen von Württemberg." Durch seine Verwandtschaft mit diesem jungen Fürsten fühlte sich der König verpflichtet, demselben für seine Regierung gute Rathschläge zu geben. Es läßt sich nicht der entfernteste Grund denken, warum er denselben durch Vorspiegelung falscher Grundsätze in das Verderben hätte stürzen sollen. Auch wäre bei der Friedrich nicht unbekannten Gemüthsart des jungen Herzogs, einem nicht unfruchtbaren Boden für die Grundsätze der Matinées, zu vermuthen gewesen, Friedrich hätte, wenn irgendwo, so hier sich zu ähnlichen Grundsätzen bekennen müssen, wie in den Matineés. Wie ganz anders lautet es aber in dem „Fürstenspiegel!" Der Kern aller in demselben enthaltenen Vorschriften besteht in folgenden Sätzen: „Denken Sie nicht, daß das Land Württemberg für Sie gemacht worden ist; sondern glauben Sie, daß die Vorsehung Sie hat zur Welt kommen lassen, um dieses Volk glücklich zu machen!" — Wenn elende Sterbliche dem höchsten Wesen gefallen können, so ist es nur durch die Wohlthaten, die sie über die Menschen verbreiten." (Auch die dem Major von Borcke für die Erziehung des Neffen Friedrichs gegebene Anweisung ist von denselben Grundanschauungen getragen.) Von demselben Geiste ist erfüllt seine testamentarische Verfügung vom 11. Januar 1752, in einer Abschrift im Kabinets-Archiv niedergelegt, in der eigenhändigen Schrift des Königs dem Herzog von Braunschweig anvertraut und in Folge von Familien-Veränderungen von des Königs eigener Hand den 8. Januar 1769 neu abgefaßt. Da dieses Vermächtniß geheim verwahrt und nach Friedrichs Tod auch wirklich als sein letzter Wille am 18. August 1786 dem Thronfolger eingehändigt wurde, so dürfen wir nicht zweifeln, daß hier die ächte unantastbare Willensmeinung und Ueberzeugung des Königs niedergelegt ist. Es bedarf aber nur der Erwähnung einiger Sätze, um den großen Abstand von den Matinées zu kennzeichnen. Es heißt dort im Anfang: „Unser Leben ist ein flüchtiger Uebergang von dem Augenblicke der Geburt zu dem des Todes. Die Bestimmung des Menschen während dieses kurzen Zeitraums ist, für das Wohl der Gesellschaft, deren Mitglied er ist, zu arbeiten. Seitdem ich zur Handhabung der öffentlichen Geschäfte gelangt bin, habe ich mich mit allen Kräften, welche die Natur mir verliehen hat, und nach Maßgabe meiner geringen Einsichten bestrebt, den Staat, welchen ich die Ehre gehabt habe, zu regieren, glücklich und blühend zu machen. Ich habe Gesetze und Gerechtigkeit herrschend sein lassen, ich habe Ordnung und Pünktlichkeit in die Finanzen gebracht. — Ich habe die Einkünfte des Staates immer als die Bundeslade betrachtet, welche keine unheilige Hand berühren dürfte. — Der Zufall, welcher bei der Bestimmung der Menschen obwaltet, bestimmt auch die Erstgeburt; und darum, daß man König ist, ist man nicht mehr werth als die übrigen. Ich empfehle allen meinen Verwandten — im Nothfalle ihr persönliches Interesse dem Wohle des Vaterlandes und dem Vortheile des Staats aufzuopfern. Meine letzten Wünsche in dem Augenblick, wo ich den letzten Hauch von mir geben werde, werden für die Glückseligkeit meines Reiches sein." — Die hier ausgesprochenen Grundsätze begegnen uns in allen Schriften und Handlungen Friedrichs und derselbe hat sie, wie wir aus der Geschichte dieses Vermächtnisses sehen, sein Leben hindurch treu festgehalten. Die Matinées sollten angeblich ein Leitfaden für Friedrichs Neffen sein, sind demselben aber nie vor Augen gekommen; dieses Vermächtniß dagegen ist ihm in feierlicher Versammlung nach dem Willen des großen Todten übergeben worden. Die Matinées sollten eine geheim zu haltende Staatsschrift sein; sie sind aber sogleich nach ihrer Abfassung überall zum Verkauf ausgeboten worden, während die Geheimhaltung jenes Vermächtnisses bis zum Jahr 1786 den Beweis gab, daß man in Berlin Schriftstücke, die man nicht in die Oeffentlichkeit bringen lassen wollte, wirklich auch geheim und für ihre eigentliche Bestimmung aufzubewahren im Stande war. Der Thronfolger Friedrichs hat die einzelnen Vorschriften des Vermächtnisses von 1769 wirklich ausgeführt und somit ist die Aechtheit desselben unantastbar. Wenn nun aber klar ist, daß der Verfasser der Matinées und der dieses Vermächtnisses nicht ein und derselbe sein kann, so haben wir einen nicht leicht umzustoßenden Beweis, daß Friedrich die Matineés nicht verfaßt haben kann.

IV.

Indem wir nunmehr auf die Besprechung des Inhalts der Matinées im Einzelnen übergehen, können wir auf die im Anfang vorausgeschickte Inhaltsangabe verweisen. Wie wir dort gesehen haben, steht an der Spitze unserer Schrift, in der ersten Morgenstunde, ein Ueberblick der Geschichte des preußischen Königshauses. Friedrich hat an vielen Stellen seiner Schriften, besonders nachdrücklich im Discours préliminaire zu den Mémoires pour servir à l'histoire de la maison de Brandebourg ausgesprochen, wie nützlich die Geschichte für alle Menschen, wie sie aber namentlich eine Schule der Fürsten sei. Er hebt in seiner Histoire de sept ans als Hauptbeweggrund für seine Geschichtschreibung die Belehrung der Herrscher und Feldherrn Preußens hervor; in dem Avantpropos vom Jahre 1775 heißt es, er habe die Geschichte seiner Zeit geschrieben, damit seine Nachfolger in der Regierung die Lage bei seiner Thronbesteigung, seine Beweggründe, seine Hilfsmittel, seine Kriege kennen lernen. Da ihm eine gute preußische Geschichte noch zu fehlen schien, so hat er sich bekanntlich keine Mühe und Zeit verdrießen lassen, diese Lücke durch mehrere Werke auszufüllen. Diese waren alle mit Ausnahme der beiden, Mémoires depuis la

paix de Hubertsbourg 1763 jusqu' à la fin du partage de
la Pologne 1775 und Mémoires de la guerre de 1778 vor
der Abfassung der Matinées, geschrieben, und sicher wäre
Nichts natürlicher gewesen, als in einer so kleinen Staatsschrift, wie in den Matinées, auf jene ausführlicheren Dar-
stellungen zu verweisen. Freilich hätte ja auch hier die Rücksicht ein Hinderniß sein können, daß in jenen der Oeffentlichkeit übergebenen Werken Friedrich absichtlich die Wahrheit
entstellen und seine wirkliche Ueberzeugung verhüllen mußte.
Allein abgesehen davon, daß er namentlich in der Histoire
de mon temps fern von aller Selbstbeschönigung die größte
Strenge gegen sich selber und die größte Billigkeit gegen
seine Feinde übt und abgesehen davon, daß seine Werke seinem Willen gemäß damals wirklich als Belehrung aufgefaßt
wurden, haben wir in der zu Lebzeiten Friedrichs nicht veröffentlichten Schrift: Considerations sur l'État présent du
corps politique de l'Europe ein historisch politisches Werk,
in welchem Friedrich ohne allen Rückhalt seine geschichtlichen
Ansichten niedergelegt hat. Die ganze Behandlungsart und
Anschauungsweise ist aber hier, wie in allen andern hierher
gehörigen geschichtlichen Schriften Friedrichs durchaus verschieden von der der Matinées. Während er dort über die
Geschichtsdarstellungen, die sich in der grauen Vorzeit bewe-
gen, als über unfruchtbare Dinge spottet, fängt er hier, am
unpassendsten Orte, gar ab ovo, mit Thassilo von Hohenzollern
an. Während er sonst mit sichtlicher Vorliebe bei den Thaten
des großen Kurfürsten verweilt und besonders in den Mémoires pour servir à l'histoire de la maison de Brandebourg ausführt, daß dem herrlichen Siege von Fehrbellin
das Haus Brandenburg seine Macht verdanke, so eilt er in
den Matinées mit ein paar Worten über den Kurfürsten weg,
um sich desto länger mit beißenden Bemerkungen über die
Häßlichkeit und Eitelkeit seines Großvaters aufzuhalten.

Während er sonst fast nur die neueste Geschichte Preußens berücksichtigt, um an dieselbe die Lehren für die preußischen Staatsmänner und Könige anzuknüpfen, übergeht er hier die Geschichte seines Vaters ganz und verliert sich desto mehr in unnöthige Einzelheiten der ältern Geschichte. Sonst findet er in der unermüdlichen Thätigkeit und überhaupt in den Tugenden seiner Vorfahren den Ursprung der preußischen Macht, und hier sagt er: „Der Zufall und die Umstände sind es, welche uns geholfen haben." Seltsamer Weise stellt er aber doch wieder neben die Schwachköpfe, Müssiggänger und Weiber des Königshauses die Achille, Cicerone und Nestore, obwohl er in den Mémoires de la maison de Brandebourg im Unklaren darüber ist, ob Albert mehr den Beinamen des Achilles oder Ulysses verdiene, ob nicht die Streitmacht und die 6000 Pferde Johanns beredter gesprochen haben, als sein Mund, und ob nicht Joachim I. zu seinem Beinamen Nestor ebenso gekommen sei, wie Ludwig XIV. zu dem des Gerechten, d. h. ohne daß man den Grund davon einsehe. Jedenfalls hätte der König nicht jenen Friedrich I. übergehen dürfen, dessen er sich sonst warm annimmt und dem er wegen seines Verzichtes auf die böhmische Krone an der Stelle des Beinamens Dent-le-fer den des Magnanime geben wollte. Im Uebrigen ist nicht zu leugnen, daß in den Sätzen der Matinées über den Ursprung der einzelnen Landeshoheiten und in der wegwerfenden Behandlung der frühern Zeiten die Ansichten Friedrichs theilweise mit Glück getroffen sind. Im Ganzen gipfelt sich die eigenthümliche Anschauung Friedrichs über die Entstehung der Landeshoheiten und besonders der preußischen in der Ansicht, die er auch in den Mémoires pour servir à l'histoire de la maison de Brandebourg ausführt, daß die Kaiser durchgängig Unrecht haben gegenüber den Landesfürsten (z. B. im dreißigjährigen Krieg), daß diese Recht haben, dem Joche jener „Despoten" und

„stolzen Unterdrücker Deutschlands" (wie Ferdinands II.), sich zu entziehen, die stets nur schwache Vasallen und kleine Unterthanen, nicht reiche Fürsten und mächtige Kurfürsten haben wollten. Da das Ergebniß der geschichtlichen Darstellung in den Matinées aber kein anderes ist, als der Satz, daß der Zufall und die Umstände Preußen groß gemacht haben, nicht die Eigenschaften seiner Fürsten, so ist damit nicht das erreicht, was Friedrich überhaupt als Aufgabe der Geschichte darstellt, und was allein eine Rechtfertigung für die ganze Ausführung an der Spitze der Matinées abgeben könnte, nehmlich die Belehrung, wie der Thronfolger nach dem Vorbild seiner Ahnen die Größe Preußens erhalten und mehren solle. Wir können diese erste Abtheilung nur aus einem einzigen Gesichtspunkte begreifen. Wenn wir nehmlich erwägen, wie der Verfasser sich verbreitet über den unrechtmäßigen oder wenigstens unedlen Ursprung des preußischen Königshauses, über die Schwächen der königlichen Vorfahren, über die kurze Dauer der ohnedieß nur durch die Gunst der Umstände in's Leben gerufenen preußischen Macht, insbesondere wie er über den ersten König von Preußen spottet, so gibt er nur eine stichhaltige Vermuthung, daß das Ganze von einem Feinde Friedrichs, oder vielleicht des Hohenzoller'schen Herrscherhauses und Preußens überhaupt, herrühren müsse.

Aus demselben Gesichtspunkte können wir auch allein die in der ersten Morgenstunde enthaltene Schilderung der Bewohner Preußens begreifen. Wenn der Verfasser der Matinées an andern Orten die Eigenschaften der katholischen Priester, der religiösen Eiferer, der Richter und Schriftsteller u. s. w. schildert, so hat das seinen guten Sinn; denn das hier entworfene Bild soll dem Thronfolger dazu dienen, sein Benehmen diesen Leuten gegenüber nach einem bestimmten Plane einzurichten. Allein was für eine Lehre konnte Friedrichs Neffe daraus ziehen, wenn ihm mitgetheilt

wird, die Preußen seien abgeschmackte Liebhaber, mürrische
Ehemänner, tragen gelockte Haare, große Hüte, sehr lange
Hemdkrausen, kurze Röcke und Spazierstöcke u. s. w. und
ihre Frauen befinden sich entweder im Zustande der Schwan=
gerschaft oder des Säugens? Eine Ausnahme davon bildet
nur die Schilderung der Liederlichkeit der Mädchen in Preußen,
welche von der Vorschrift begleitet ist, zu ihrer Ermuthigung
die Liebesfrüchte derselben beim Heer unterzubringen und vor
Andern zu begünstigen. Dieß klingt allerdings in auffallen=
der Weise wie eine Uebertreibung jener aus der menschlichsten
Gesinnung geflossenen Aeußerung in der am 22. Jan. 1750
in der Akademie zu Berlin vorgelesenen und somit auch in
weitern Kreisen bekannt gewordenen dissertation sur les raisons d'établir ou d'abroger les lois: „Liegt nicht eine große
Härte in der Art, wie wir die Abtreibungen bestrafen.
Wäre es nicht besser, so viel arme Geschöpfe, die elend zu
Grunde gehen, zu erhalten, indem man die Brandmarkung
aufhöbe, welche an die Folgen einer unbesonnenen und flüch=
tigen Liebe geknüpft sind?" Jene Vorschrift der Matinées
nimmt sich aber seltsam genug der Thatsache gegenüber aus,
daß Friedrich fortwährend auf's Aengstlichste für die Rein=
erhaltung seines Offizierkorps besorgt war, das, wie er in
dem Aufsatz Du militaire vom Jahre 1773 ausführt, aus=
schließlich aus Abligen bestehen soll, weil diese Nichts haben,
als ihre Ehre. Mit der Behauptung der Matinées ist in
übertreibender Weise der Umstand ausgebeutet worden, daß
Friedrich allerdings den Offizieren seiner Potsdamer Leib=
wache das Heirathen verboten hatte, wovon die Folge war,
daß dieselben häufig geheime Verbindungen eingingen, die sie
in spätern Jahren meist durch wirkliche Heirathen gesetzlich
machten. York war z. B. der Sprößling einer solchen Ver=
bindung. Was aber bei der Potsdamer Leibwache vom Kö=
nig stillschweigend geduldet war, bildete eine Ausnahme, und

es läßt sich mit Zahlen und Namen nachweisen, daß das in den **Matinées** geschilderte Verfahren im preußischen Heer unbekannt war. Friedrich konnte ferner wohl bei einzelnen Gelegenheiten leichtfertig scherzen über solche Dinge. So schreibt er z. B. im Januar 1763 bei einem bestimmten Anlasse an Frau von Camas: „Ich, der ich sehr nachsichtig bin für die Schwächen unseres Geschlechtes, steinige nicht die Ehrendamen, welche Kinder zur Welt bringen. Sie setzen das Geschlecht fort, während jene wilden Politiker dasselbe durch ihren traurigen Krieg zerstören. — Ich gestehe Ihnen, daß ich jene zu zarten Temperamente mehr liebe, als jene Keuschheitsdragoner, die ihresgleichen zerfleischen." — Im Ganzen aber beurtheilte er solche Dinge streng und hielt gerade aus politischen Gründen viel auf Sittenreinheit der Mädchen; auch spricht er sich im Gegensatz zu den **Matinées** fast durchgängig sehr anerkennend über die gute Aufführung der Frauen in seinen Ländern aus, z. B. in der **Lettre sur l'éducation** 1770: „Man unterscheidet hier Frauen von einem gewissen Alter nach der höhern Erziehung, die sie erhalten haben, von denen, welche frisch in die große Welt eintreten; sie haben Kenntnisse, Anmuth, Geist und eine stets anständige Heiterkeit. — Ich war erstaunt, daß die erstern ihre Kinder wie Theaterdamen erziehen; sie scheinen um die Blicke des Publikums zu betteln, und lassen es sich genügen, zu gefallen, und scheinen nicht Achtung zu suchen. Wie! beruft sie ihr Geschick nicht dazu, Familienmütter zu werden!" Im weitern Verlauf spricht er noch von der Nothwendigkeit tüchtiger Haushaltungen und guter, passender Ehen: „Die Gesellschaft kann nicht bestehen ohne gesetzliche Ehen, welche dieselbe wieder erzeugen und sie ewig machen." Wie aus dem Articulus 8. der geheim gehaltenen und neuerdings von Herrn Cauer zum Theil veröffentlichten Instruktion für das Generaldirektorium vom Jahr 1748 hervorgeht, ist er so sehr auf Beförderung der Heirathen bedacht, daß er selbst das militärische Interesse gegen das der Bevölkerungsvermehrung zurücktreten läßt. Seiner Schwester, der Markgräfin von Baireuth, schreibt er im Dezember 1747: „Hier hat sich ein guter, dicker Bürger aus Gram über den Verlust seiner Gattin erhängt. Dieser gute Mensch hat einen Beweis gegeben, wie groß die eheliche Liebe in diesem Lande ist. Dieß ist in Wahrheit die Ehre aller Ehemänner." Aehnlich spricht er sich auch aus in dem Aufsatz Des Moeurs, des Coutumes, de l'Industrie, des Progrès de l'Esprit Humain dans les Arts et dans les sciences. — Hier wie auch sonst zeigt Friedrich das feinste Verständniß für die Entwicklung der Völkereigenthümlichkeiten und vermeidet es fast durchaus, ein Gesammturtheil über den Charakter ganzer Völker abzugeben. Wenn er im November 1736 an Voltaire schreibt: „Sie wissen, daß der vorherrschende Charakter unseres Volkes nicht jene liebenswürdige Lebhaftigkeit der Franzosen ist; man legt uns dafür den gesunden Menschenverstand, die Aufrichtigkeit und Wahrhaftigkeit in unsern Reden bei" und im Juli des folgenden Jahres: „Was die Deutschen betrifft, so ist ihr Fehler nicht Mangel an Geist — die Deutschen sind arbeitsam und tief," ferner im Dezember 1742: „Die Menschen bei uns sind weniger verweichlicht und in Folge davon männlicher, arbeitsfähiger, ausdauernder und vielleicht weniger fein," „das Sybaritenleben der Franzosen hat den Ruf ihres Heeres vernichtet," so ist dieß einerseits unter einen andern Gesichtspunkt, als in den Matinées gestellt, andrerseits steht es auch nach verschiedenen Richtungen im Gegensatz zu dem Urtheil der Matinées. Was seine Unterthanen betrifft, so war Friedrich der durch die Zerrissenheit der Länder bedingten Verschiedenheit derselben zu sehr bewußt, um sie, wie in den Matinées geschieht, unter einem Gesammturtheil zusammenzufassen. Er unterschied sehr wohl „die gewandten und feinen Preußen",

„die geraden und ehrlichen Pommern", „die dem Wohlleben nachgehenden Churmärker", „die lebhafteren Magdeburger" u. s. w. Während ferner gewiß Niemand sich befriedigt finden kann durch ein so oberflächliches, fast nur auf Aeußerlichkeiten begründetes Urtheil über die preußischen Staatsbürger, während gewiß nirgends ein Nutzen dieser Schilderung für den Thronfolger erblickt werden kann, muß Jedermann, der Friedrich, sein Wirken und seine Schriften kennt, gerade die Dinge vermissen, denen derselbe sein Leben lang die größte Theilnahme und Thätigkeit widmete, und die für jeden Herrscher Preußens in erster Reihe wichtig sein mußten. Es ist nicht davon die Rede, was Friedrich sonst so gern hervorhebt, daß seine Unterthanen unter sich in einem durch keinen Sektenhaß gestörten Frieden leben, und so zum Glücke des Staates beitragen, der von Jedem nur verlangt, daß er ein guter Bürger sei. Es ist Nichts erwähnt von der Bevölkerungszunahme, die er namentlich in Schlesien, das nach ihm von 1756 bis 1777 um 180,000 Seelen zunahm, auf das Sorgfältigste überwachte, und die er namentlich durch gute Rechtspflege, durch Sicherung des Eigenthums, Einrichtung von Polizei in Landestheilen, wo, wie er selbst einmal sagt, sogar der Name derselben unbekannt gewesen, durch Anlegung von Fabriken, durch Ermunterung der Industrie, Wiederaufbau verlassener und zerstörter Städte und Dörfer (in Preußen, namentlich aber in Schlesien), durch Aufnahme und Unterstützung von Fremden und durch Errichtung von Militär- und Land-Magazinen zur Abwehr von Theuerungen zu fördern suchte. Ferner fehlt jede Bemerkung über den Unterschied unter den Ständen, zwischen der Land- und Stadtbevölkerung, über die Befähigung der Einwohner zu ihren bürgerlichen Geschäften, über die Leibeigenschaft, den Adel, kurz über Alles, was eigentlich hier zu erwarten wäre. Und wir können uns den Eindruck nicht entziehen, welchen die Schilderung der Trunksucht der Preußen, ihrer Abgeschmacktheit als Liebhaber, ihrer äußern Erscheinung, ihrer Weiber unwillkührlich auf uns macht. Es scheint uns nehmlich, daß diese oberflächlichen Bemerkungen nicht nur nicht Friedrich, sondern überhaupt Niemand von Einsicht und gutem Willen geschrieben haben könne. Vielmehr sind dieselben ganz den Zerrbildern ähnlich, welche übelwollende Ausländer, namentlich Franzosen, von den Deutschen überhaupt, auch noch jetzt, zu entwerfen pflegen.

Mit wo möglich noch größerer Sicherheit können wir behaupten, daß die beiden Abschnitte „über die Lage und den Boden des Königreichs" nicht von Friedrich herrühren können. Mit welcher Befriedigung spricht jenem dürftigen Gerede gegenüber, das Königreich sei so zertheilt daß die einzelnen Theile sich nicht helfen können, es seien keine großen Ströme da, ein Drittel des Landes sei brach, ein zweites nicht zu bebauen, das letzte bringe nur schwer Früchte und Gemüse, nicht aber Wein, Oliven- und Maulbeerbäume hervor, Friedrich in Schriften und Briefen sich darüber aus, daß er durch den in Preußen angelegten Kanal die Weichsel, Warthe, Oder und Elbe, daß er durch große Gebirgsstraßen die einzelnen Landestheile verbunden habe! Konnte er nicht mit Stolz darauf zurückblicken, daß er z. B. durch den Plauischen Kanal die Schifffahrt von der Elbe her um 8 Tage, durch den Finowkanal die Fahrt von Stettin nach Berlin um die Hälfte der Dauer gekürzt habe." Hatte er nicht auf dem Damm des Oderbruchs stehend ausrufen können: „Ich habe eine Provinz gewonnen?" Er hatte wie Thaer bezeugt, den Landbau nach ganz richtigen Gedanken zu verbessern gesucht, er hatte dem Adel zur Hebung seiner Güter bedeutende Gelder gegeben, sich bestrebt, neue Fruchtarten und Verbesserungen des Viehstandes einzuführen. Namentlich die Seidenzucht, von der die Matinées Nichts wissen, hatte er eingeführt und fortwährend begünstigt. Er zweifelte nicht an der Möglichkeit einer größern Ausdehnung des Weinbaus, von dem die Matinées gleichfalls Nichts wissen. Daß in Preußen keine Olivenbäume wachsen, unterscheidet dieses Land nicht von seinen Nachbarländern. Mit berechtigtem Selbstgefühl betont Friedrich, daß er stets ein System befolge, das zwar nicht das Richelieu's, noch das Mazarin's, dagegen das des Volkswohles sei, indem er bis ins Einzelnste und unaufhörlich darauf denke, Mittel zur Hebung des Volkswohlstandes zu schaffen (durch Erhaltung der Wälder, Förderung von Viehzucht und Landbau, Einrichtung und Vermehrung von Schulen, für die er aus Sachsen Lehrer kommen ließ). Er ist erfreut, wenn er sich auf seinen Reisen von den Fortschritten des Landes in Handel und Gewerbe überzeugen kann. „Wir haben an das Ausland für fünf Millionen Leinwand und für eine Million zweimal hundert tausend Thaler Tücher verkauft;" „man hat ausgiebige Kobaltminen entdeckt;" „wir erzeugen Vitriol, Indigo, Stahl in gleicher oder besserer Beschaffenheit, als das Ausland," solche Nachrichten theilt er mit hoher Befriedigung fort und fort seinen nähern und entferntern Bekannten mit, und in Zeiten, welche seine ganze kriegerische und staatsmännische Thätigkeit in Anspruch zu nehmen schienen, ist er auf das Eifrigste besorgt für den Bergbau und das Forstwesen in seinem Lande, sucht er durch Ermunterung jeder Art, durch Belohnungen und Monopole Seiden-, Tuch- und Tabakfabriken, Bierbrauereien, Zuckersiedereien und Porzellanfabriken zu fördern, den Absatz dieser letztern z. B. besonders nach Rußland und Holland zu betreiben; und er fühlt sich glücklich, wenn man die einheimischen Erzeugnisse im Auslande kauft und lobt. —

Wenn wir den Anfang und den Schluß der zweiten Morgenstunde, welche „über die Religion" handelt, zusammenhalten, so springt ein großer Mangel folgerichtigen Denkens sogleich in die Augen. Der Verfasser der **Matineés** kommt nehmlich von den beiden Sätzen im Anfang „Religion sei in einem Staat unumgänglich nothwendig und es wäre thöricht, diesen Grundsatz zu bestreiten," zu der Behauptung, daß jene Schrift des Präsidenten Loën Recht habe, wenn sie an die Stelle der Religion eine allgemeine bürgerliche Moral setze, daß Voltaire im Auftrage des Königs die Nothwendigkeit beweise, sich von Allem, was man seither über die Religion gesagt habe, zu befreien, daß ein Konzil vorbereitet werde, um ganz einfach nach dem gesunden Menschenverstand Beschlüsse zu fassen. Nachdem ferner im Anfang ausgeführt worden ist, es wäre thöricht, wenn ein König selber Religion hätte; das beste Mittel, Religionseifer aus den Staaten zu entfernen, sei die kälteste Gleichgiltigkeit in Bezug auf Religion; Grundsatz in Preußen müsse sein, daß man zu Gott beten oder ihn verhöhnen könne, wie man wolle; nach allem diesem kommt der Verfasser dabei an, einem Unionsplan, der Lutheraner, Kalvinisten und Katholiken auf das Tiefste aufregen mußte, und einem Bekehrungsplan das Wort zu reden, dessen mühevolle Durchführung jedenfalls bei dem Unternehmer den größten, unablässigsten Eifer, nicht aber die kälteste Gleichgiltigkeit zur Voraussetzung hätte haben müssen! Neben solchen offenbaren Widersprüchen im Denken kommen kleinere Verstöße, wie die fortwährende Verwechslung von geoffenbarter Religion mit der allgemeinen Moral kaum noch in Betracht.

Im Einzelnen stimmen freilich einige Sätze mit Friedrichs Ansichten, wie sie in seinen Schriften niedergelegt und auch sonst bekannt waren, überein. Wenn ausgesprochen ist: „die wahre Religion eines Fürsten wolle das Beste der Menschen und seinen eigenen Ruhm," so trifft dieß ganz zusammen mit Friedrichs Ausspruch im Antimachiavel (Chapitre XVIII.): „Es scheint mir, daß das Volk mehr einen ungläubigen Fürsten, der aber ein ehrenhafter Mensch ist, und das volle Glück desselben ausmacht, lieben wird, als einen rechtgläubigen Verbrecher und Uebelthäter" oder mit dem Satz (Chapitre XXVI.) „die bürgerliche Regierung kraftvoll handhaben und Jedem die Gewissensfreiheit lassen, immer König sein und niemals den Priester machen, das ist das sichere Mittel, seinen Staat vor den Stürmen zu bewahren, welche der dogmatische Geist der Theologen immer aufzuregen sucht." In einer viel spätern Schrift (Avant-propos 1775) sagt er: „Ein guter Fürst muß auf das öffentliche Wohl bedacht sein, das Vaterland und den Ruhm lieben." „Der glückliche Trieb, welcher die Menschen erfüllt mit dem Wunsche nach gutem Ruf, ist der wahre Grund heldenhafter Handlungen; er ist der Nerv der Seele, der sie aus ihrer Erstarrung weckt, um sie zu nützlichen, nothwendigen und lobenswerthen Unternehmungen zu führen." Der Ruhm ist, wie er in den Mémoires pour serv. à l'hist. de l. mais. de Brand. sagt, „die Münze der Helden," eine Aeußerung, die ihr volles Gegengewicht in dem eben Angeführten, namentlich aber in der Lobrede auf Prinz Heinrich von Preußen findet, die er am 30. Dezember 1767 in der Akademie verlesen ließ, und wo es heißt: „der Wunsch, einen dauerhaften Ruf zu begründen, ist die mächtigste Triebfeder, ist die eigentliche Schnellkraft der Seele, ist die Quelle und der ewige Grund, welcher die Menschen zur Tugend treibt, und welcher jene Handlungen hervorbringt, durch die die Menschen sich unsterblich machen."

Wenn mit Nachdruck hervorgehoben wird, daß der Fürst der Religion oder beziehungsweise der allgemeinen Moral gegenüber eine Ausnahmsstellung einnehme, so stehen zwar einzelne Aussprüche Friedrichs in schroffem Widerspruche dazu, wie im Épitre á M. de Chasot.: „In meinem Moralsystem muß jeder vernünftige Mensch die Tugend ausüben, weil es sein Nutzen ist, tugendhaft zu sein und weil die Tugend unbeschreibliche Reize für eine gute Seele hat;" allein es ist allerdings richtig, daß er, wie jeder Staatsmann, vom Standpunkt der Politik gewisse Ausnahmen festgesetzt hat. So sagt er (Avant-propos 1746) über die Verträge, über welche er überhaupt gern allgemeine, keineswegs aber so leichtfertige, Betrachtungen wie in den Matinées anstellte: "Wenn unsere Interessen andere werden, so muß man mit ihnen anders werden," aber er fügt sogleich die Berichtigung bei: "In diesem Stück muß der Herrscher sich opfern für das Wohl seiner Unterthanen. Im Privatleben muß man gewiß sein Wort halten — bei einem Fürsten ist es aber besser: er bricht einen Vertrag, als er läßt sein Volk zu Grunde gehen." Ganz ähnlich spricht er sich aus im Antimachiavel (Chapitre XVIII.), wo er Macchiavel's Satz bekämpft, daß ein Fürst ohne Weiteres sein Wort brechen dürfe und die nachdrückliche Erklärung voran stellt, man müsse, wenn man einmal einen Vertrag geschlossen habe, demselben treu bleiben: "Es gibt widerwärtige Nothwendigkeiten, wo ein Fürst sich kaum zu enthalten wissen wird, seine Verträge und seine Bündnisse zu brechen; aber er soll sie aufgeben als anständiger Mann, indem er seine Verbündeten zur Zeit benachrichtigt und hauptsächlich soll er nie zu diesen äußersten Maßregeln greifen, wenn er nicht durch das Wohl seiner Völker und eine sehr dringende Nothwendigkeit dazu gezwungen ist." In den Mém. p. serv. à l'hist. d. l. mais. de Brand. tadelt er die Gewissenlosigkeit Ludwig XIV. im Brechen von Verträgen und sagt bei der Vergleichung Ludwigs mit dem großen Kurfürsten: "Beide schlossen und brachen Verträge; der eine aus Ehrgeiz, der andere aus Nothwendigkeit; die mächtigen Fürsten verspotten die Sclaverei ihres Worts durch ihren freien und unabhängigen Willen; die Fürsten, die wenig Macht haben kommen ihren Verpflichtungen nicht nach, weil sie oft den Ver=

wicklungen der Lage zu weichen gezwungen sind." Solchen allerdings offenen, aber stets nur vom staatsmännischen Standpunkt zu beurtheilenden Ausführungen gegenüber müssen in den Augen des Unbefangenen die leichtfertig klingenden Bemerkungen der Matinées als bloße Uebertreibung erscheinen.

Was den Grundsatz der Duldsamkeit betrifft, so floß derselbe bekanntlich bei Friedrich dem Großen theils aus seiner eigenen persönlichen Ueberzeugung, theils aus politischen Rücksichten. Wie früh er schon auf den Standpunkt seiner Duldsamkeit gelangte, dafür haben wir einen merkwürdigen Beweis in seiner dissertation sur l'innocence des erreurs de l'esprit vom Jahre 1738. Der Gedankengang darin ist folgender: In Vielem ist es unmöglich, zur Wahrheit zu gelangen; unsere Vorstellungen sind durch von uns unabhängige Umstände bestimmt, bei verschiedenen Menschen verschieden, bei denselben nicht stets dieselben; daher müssen wir duldsam sein. Dieß stellte er als Forderung nicht blos für den Menschen überhaupt, sondern besonders auch für den Fürsten auf: (Mém. p. serv. à l'hist. de l. mais. de. Brand.) „Ludwig XIV. jagte die Reformirten aus dem Reich, der Kurfürst nahm sie in seinen Staaten auf; der abergläubische und grausame Fürst steht gewiß unter dem duldsamen und liebenswürdigen Fürsten." Er glaubte ferner, wie er sich im Essai sur les formes de gouvernement et sur les devoirs des souverains ausdrückt, „daß von dem Augenblick an, wo jeder Kult frei ist, Jedermann Ruhe halten werde." Den Unionsplan seines Vaters, der nicht blos in den äußeren Gottesdienst der beiden protestantischen Kirchen, sondern auch in den Lehrbegriff derselben eingriff, und insbesondere im lutherischen Gottesdienst einige kleine Aenderungen mit Zwang einführen wollte, nahm er in den ersten Tagen seiner Regierung zurück, und aus denselben Gründen verbot er in der katholischen Kirche alle Kontroverspredigten und Bekeh=

rungsversuche. Jedenfalls hat er sich über diese Dinge stets mit größter Offenheit ausgesprochen. An b'Alembert schreibt er im Oktober 1770: „man muß den falschen Eifer austilgen, um die Geister für eine allgemeine Duldung vorzubereiten; was liegt dann noch an dem Kult, welchem das Volk anhängt?" In seinem Examen critique du système de la nature heißt es: „Es gibt ohne Zweifel nur eine Moral; sie umfaßt das, was die Einzelnen sich gegenseitig schuldig sind; sie ist die Grundlage der Gesellschaft; unter welcher Religion, unter welcher Regierung man sich immer befinden mag, sie muß immer die nehmliche bleiben; die des Evangeliums in ihrer ganzen Reinheit aufgefaßt, würde durch ihre Verwirklichung nützlich sein; allerdings haben die Priester und die Theologie in der Folge vielen Unsinn in die reine und erhabene Moral des ursprünglichen Christenthums hereingebracht." In der mit zunehmendem Alter öfters hervortretenden Verstimmung konnte er wohl auch zu Aeußerungen sich hinreißen lassen, wie (in einem Brief an Prinz Heinrich vom Dezember 1781): „Was die Sittlichkeit betrifft, so ist sie gleich schlecht bei allen Religionen, Lebensaltern, Völkern und nur durch Strafen aufrecht zu erhalten." Im Allgemeinen kann man sagen, daß Friedrich Duldung übte gegen die Angehörigen aller Sekten und Religionen, sofern sie sich den höheren Staatszwecken dienstbar machen ließen. Seine Ansicht hierüber drückt er in einem Briefe vom Februar 1768 an die Kurfürstin Marie Antonie von Sachsen also aus: „Man kann mit Jesuiten, Bonzen, Talaporinen, Imanen und Rabbinern leben, ohne sie zu fressen, und ohne von Ihnen verschlungen zu werden." Insbesondere durch Aufnahme von Jesuiten wußte er seinem Staate großen Nutzen zu verschaffen, denn heißt es in einem Schreiben an b'Alembert, „dieselben sind viel mehr, als ihr in Frankreich denkt, nöthig zur Erziehung der Jugend." Ueber denselben Gegenstand schreibt

er einmal an die Kurfürstin von Sachsen. „Ich habe alle
Anklagen gehört, welche man gegen die Jesuiten vorbringt
und ich halte viel darin für begründet. — Wenn jedoch die
Bulle des Pabstes in Schlesien verkündigt worden wäre, so
würde der Unterricht der Jugend beträchtlich darunter ge=
litten haben und er wäre sogar ganz zu Grunde gerichtet
worden aus Mangel an Leuten, welche die Jesuiten hätten
ersetzen können!" Die Kurfürstin von Sachsen hatte gewiß
Recht, wenn sie hierüber im Juli 1777 an Friedrich schrieb:
„Jeder Stand kann nützlich werden unter den Händen einer
Regierung, welche ihn zu verwenden weiß." Die katholische
Geistlichkeit anerkannte dankbar, daß sie für ihre Güter im
Preußischen nur mäßige Lasten zu tragen hatte und dort ihr
Eigenthum sicherer genoß, als unter mancher katholischen
Regierung; und Friedrich konnte im Jahr 1751 dem Grafen
Algarotti schreiben: „die Katholiken sind in meinen Staaten
nicht nur geduldet, sondern sogar in besondern Schutz genom=
men." An dem Einzelnen ehrte Friedrich immer jede Ueber=
zeugung, wenn sie ehrlich und sich selbst treu war, mochte sie
dann von seiner eigenen so weit abweichen, als sie wollte. Sein
Freund Jordan durfte ohne die Befürchtung, bei ihm An=
stoß zu erregen, in seinem letzten Brief an Friedrich seinen
ächt christlichen Standpunkt darlegen. In einem Brief an
Voltaire vom September 1736 meint Friedrich zwar, die
Absicht der Theologen sei immer, sich eine unbeschränkte Macht
über die Gewissen anzumaßen; aber er fügt bei, denen die
es verdienen, müsse man auch Gerechtigkeit widerfahren lassen.
Und in dem Briefwechsel mit diesem und Graf Manteuffel
anerkennt und lobt er Prediger, wie Isaac Beausobre und
Reinbeck, wie er auch dem edlen Charakter eines Achard stets
die größte Achtung zollte. Mit dem geistreichen und milden
Papst Benedikt XIV. unterhielt Friedrich eine Art freund=
schaftlichen Verkehrs, zwar nur auf mittelbarem Wege, weil

die Kurie das preußische Königthum noch nicht anerkannt hatte. Benedikt wußte von Friedrich zu rühmen, daß er über Fragen des katholischen Kirchenrechts spreche, als ob er ein Kardinal wäre, der viele Jahre lang in den Konsistorial=Kongregationen zugegen gewesen, nur noch anziehender und pikanter; und Algarotti, dem er schon früher seine Bewunderung und sein Wohlwollen für den Papst ausgedrückt, schreibt im April 1751 an Friedrich: „Ew. Majestät hat Balsam in das Blut des heiligen Vaters gegossen und wenn die Protestanten Ew. Majestät die Erhaltung ihrer Rechte und Freiheiten verdanken, so werden die Katholiken Ew. Majestät die Verlängerung der Tage des heiligen Vaters verdanken." Diese Duldsamkeit Friedrichs ging aber keineswegs, wie man nach den Matinées glauben müßte, so weit, daß er gar keinen Unterschied zwischen den Religionen machte. Vor Allem war er sich bewußt, was er in dem Avant-propos des Abregé de l'histoire ecclésiastique de Fleury hervorhebt, daß die Duldsamkeit selbst erst eine Frucht der Reformation war. In einem seiner freundschaftlichen Briefe an die Herzogin von Sachsen=Gotha, den er im Abfassungsjahre der Matinées geschrieben, sagt er: „Vom philosophischen Standpunkt aus sind die Religionen ungefähr gleich; aber die, deren Kult am wenigsten mit Aberglauben beladen ist, muß man vorziehen. Das ist ohne Widerrede die protestantische, die noch den Vorzug hat, nicht verfolgungssüchtig zu sein." Dieser Ansicht blieb er bis in sein höchstes Alter treu, wie ein vertraulicher Brief von ihm an Prinz Heinrich vom Dezember 1781 beweist: „Wenn ich die Wahl unter allen christlichen Sekten hätte, so würde ich mich für die protestantische entscheiden, denn sie richtet am wenigsten Unheil an." Ganz aus der nehmlichen Ueberzeugung entsprang sein Schreiben an den Staatsminister, Freiherrn von Zedlitz vom 5. September 1779: „daß die Schulmeister auf dem

Lande den jungen Leuten die Religion und Moral lehren ist recht gut und müssen sie davon nicht abgehen, damit die Leute bei ihrer Religion hübsch bleiben und nicht zur katholischen Religion übergehen, denn die evangelische Religion ist die beste und weit besser, als die katholische." Dasselbe legt er auch in der Instruction an Major Borcke vom 24. September 1751 dem Erzieher seines Neffen an das Herz: „der Erzieher soll auf geschickte Weise seinen Zögling merken lassen, daß nichts gefährlicher ist, als wenn die Katholiken in einem Land die Oberhand haben wegen der Verfolgungen, wegen des Ehrgeizes der Päbste, und daß ein protestantischer Fürst viel mehr Herr in seinem Land ist, als ein katholischer!" Im dritten Art.: De la Superstition et de la Religion legt er dieß ausführlicher so dar: „Vom politischen Standpunkt aus ist die protestantische Religion für Republiken und Monarchien die zuträglichste; sie verträgt sich am besten mit dem Geist der Freiheit; in den Monarchien unterwirft sie sich ganz den Regierungen, während die katholische Kirche im zeitlichen Staat einen geistigen, allmächtigen Staat errichtet, die Priester mehr Herren über die Völker sind, als die Herrscher." Es war besonders diese von ihm gefürchtete und verabscheute Herrschsucht der katholischen Kirche, welche ihn stets zur größten Vorsicht mahnte und abhielt, ganz unbeschränkte Duldung nach allen Seiten zu üben. „Der Geist der Herrschsucht und der Unduldsamkeit," schreibt er im Juni 1768 an Marie Antonie von Sachsen, „ist der gleiche bei allen denen, welche sich für die Gesandten Gottes des Vaters halten, um eine unverständliche Metaphysik den Dummköpfen u. s. w. zu verkünden." Aus diesem Grunde wiederholt er auch ganz einfach in dem ersten Articulus der Instruktion für das General-Direktorium vom Jahr 1748 die von Friedrich Wilhelm I. in der Instruktion vom Dezember 1722 aufgestellte Bestimmung, daß in der Regel nur Protestanten angestellt werden sollen. (Damit ist zugleich die Bemerkung der Matinées erlebigt, die Katholiken herrschen in manchen Theilen Preußens so sehr vor, daß der König nur einen oder zwei Beamte dahin schicken könne. Es ist ohnedieß bekannt, daß man in Schlesien, wo die meisten Katholiken wohnten, sich über die Bevorzugung der Protestanten in Betreff der Anstellungen beklagte.) Wo Friedrich Priesterherrschsucht mit Aberglauben verbunden sich gegenüber sah, konnte er sich auf's Höchste erbittern; so ist bekannt, wie er mit beißendstem Hohn über den zur Vernichtung der Ketzer bestimmten päpstlichen Degen des Marschall Daun spottete; in einem Brief an die Herzogin von Sachsen-Gotha vom März 1764 nennt er den Papst „den Betrüger der Betrüger" und an b'Argens schrieb er im Mai 1759: „Was Seine Heiligkeit betrifft, so halte ich ihn für den größten Narren aller Nachfolger des heiligen Petrus;" an Darget (März 1760): „der Zweck des Werkes (er meint seine Relation du Phihihu) ist, dem Papst, der die Degen meiner Gegner segnet und den meuchelmörderischen Mönchen Zuflucht gibt, einen Hieb zu versetzen." In dem Épitre III. sur l'histoire ecclésiastique vom Oktober 1762 heißt es: „Die gegenwärtigen Könige, die sich selbst achten, kommen nicht mehr, um zu den heuchlerischen Füßen jener heiligen Tyrannen Scepter und Diadem niederzulegen. Indeß noch in unsern Tagen kämpft die theologische Ehrsucht mit krummen Winkelzügen gegen die königliche Macht." Nach seiner Ansicht, die er z. B. in einem Brief an Voltaire vom Januar 1775 ausspricht, sind „die katholischen und hugenottischen Priester in Deutschland mehr von Eigennutz, bei den Franzosen mehr von Religionseifer beherrscht."

Seine Ueberzeugung von der Unvollkommenheit der religiösen Reform hielt er nicht zurück. Er bedauert in einem Brief an die Herzogin von Sachsen-Gotha vom April 1764, daß Luther auf halbem Wege stehen geblieben und nicht bis zum Socianismus vorgedrungen sei; auch in dem Art. III. des Aufsatzes de la superstition et de la religion bekennt er, daß nicht alle Irrthümer durch die Reform zerstört wurden; an Voltaire schrieb er im Februar 1737: „die protestantische Religion ist noch nicht vom Aberglauben und Bigotterie gereinigt." Sehr erbitterte es ihn, wenn die Theologen der verschiedenen Bekenntnisse aus übergroßem Religionseifer die ruhige Entwicklung der Wissenschaft, besonders der Naturwissenschaften störten. In der Éloge de M. de la Mettrie tadelt er eine solche Verfolgungssucht und bemerkt unter Anderem: „der gemeine Haufe der Geistlichen ist wie Don Quichotte, der merkwürdige Abenteuer in gewöhnlichen Vorkommnissen fand." Die lächerliche Behauptung der Matinées, im neunten Jahrhundert seien die Hohenzollern den Kaisern zu Gefallen Christen geworden, wird mit keinem Rechte Friedrich in den Mund gelegt. Im Art. II. De la superstition et de la religion sagt er: „die Ohnmacht, einem so furchtbaren Feinde zu widerstehen und die Furcht vor seinen Drohungen führten die brandenburgischen Völker zur Taufe im Lager Karls des Großen."

Wenn in den Matinées ferner zu lesen ist, „die Hohenzollern haben die Reformation gemacht, die ihnen ein apostolisches Aussehen gab, indem sie ihren Beutel füllte," oder „sie seien Lutheraner geworden, um die Güter der Kirche zu nehmen," so ist allerdings richtig, daß sich Friedrich manchmal ähnlich ausgesprochen hat. Er sagt in den Mém. pour serv. à l'hist. de la mais. de Brand., die Unwissenheit und Sittenlosigkeit der Geistlichen, namentlich der Indulgenzenhandel Leo's X. habe das Bedürfniß nach Reformen geweckt, und der Prediger Luther viele Fürsten gewonnen, für welche die Plünderung der Kirchengüter eine süße Lockspeise war; in Deutschland sei die Reform ein Werk des Eigennutzes gewesen, in England das der Liebe (Heinrich VIII.), in Frankreich das der Neuheit oder vielleicht eines Liebes" (von Kalvin, mit dem Kehrreim: „O moines, o moines, il vous faut marier"). „Huß, Luther, Kalvin brauchen keine großen Geister gewesen zu sein." Auch in einem Brief an Voltaire vom Februar 1737 legte er noch großen Nachdruck auf die weltliche Seite der Reformation: „die protestantische Religion war den Fürsten sehr wohlthätig, weil sie vom Joche der Kirche und päpstlichen Kurie befreit und ihre Einkünfte durch die Säkularisation der Kirchengüter bedeutend vermehrt wurden." Dieser voltairisirenden Geschichtsauffassung gegenüber machte sich aber bald bei ihm eine würdigere und wahrere geltend. In Art. II. de la superstition et de la religion spricht er mit Bewunderung aus, daß ein einfacher Mönch den Menschen ihre Vernunft wieder gegeben habe. Und im Art. III. de la religion sous la réforme, in welchem er sich ganz auf den philosophischen Standpunkt stellt, heißt es: „das schwere Joch der Priester erregte Unwillen; nach Luther wurde die Religion wieder einfacher, was vielleicht für das gemeine Volk nicht gut war; im Ganzen war die Reform der Welt nützlich; die Protestanten gebrauchten wieder die Vernunft, die Katholiken mußten sich vertheidigen, die Geistlichen ihre Unwissenheit aufgeben. Die Reform ist ein Zügel für den Ehrgeiz des Papstes; die katholischen und protestantischen Geistlichen müssen den Anstand wahren. — Die Kurfürsten von Brandenburg waren in den Religionswirren gemäßigt und weise." Im Verlaufe lobt er noch die Duldsamkeit Friedrich Wilhelms und Friedrichs I. und tadelt die Verfolgungssucht der Reformirten gegen die Lutheraner. In einem Brief an d'Argens vom Oktober 1762 sagt er über das Reformationszeitalter: „Welches Jahrhundert! Es wäre schön gewesen, damals geboren zu sein!" Wir sehen also auch hier wohl manche Anklänge an Friedrich'sche Anschauungen und Aussprüche, aber herausgerissen aus dem ursprünglichen Zusammenhang, in ein neues und zwar schiefes Licht gestellt und von Folgerungen begleitet, die niemals in Friedrichs Sinne liegen konnten. Es ist ganz dasselbe Spiel, wie bei einem Zerrbild, das immerhin die Aehnlichkeit mit dem Urbilde bewahren muß, aber eben dadurch von dem getreuen Abbild sich unterscheidet, daß einzelne Züge zu grell hervorgehoben und gewisse Zuthaten beigefügt werden. Daß der Verfasser der **Matinées** auf diese Weise vorgegangen ist, läßt sich namentlich an Einzelheiten nachweisen. Wenn Friedrich z. B. im Allgemeinen den Grundsatz hat, den er einmal in einem Brief an die Herzogin von Sachsen-Gotha vom August 1763 darlegt: „ein Philosoph müsse sich den Bräuchen der Länder fügen, in denen er sich aufhalte, ohne dieselben zu billigen und ohne sie offen zu kritisiren," so ist diese vernünftige Vorschrift mit wenigen Strichen zu einer planmäßigen Heuchelei ausgebildet in dem Satze der **Matinées**: „der Fürst dürfe keine Religion haben; aber er müsse gleichwohl einen vorübergehenden Schein bewahren, als ob er Religion hätte, um sich denen, die ihn beobachten und ihn umgeben, anzubequemen." Dieß konnte nie von Friedrich ausgesprochen worden sein, denn es wäre in zu seltsamem Widerspruch zu der Art gestanden, wie Friedrich in Schrift und Wort und Leben sich zu der Religion stellte. Wodurch denn hatte er den Haß Solcher auf sich gezogen, die, wie in The Home and Foreign Review geschieht, das Auftreten des neuern Liberalismus, den Untergang der feudalen und das Auftauchen einer neuen Monarchie, welche sich nicht auf göttlichen Ursprung, sondern auf Vernunft und Nothwendigkeit beruft, beklagen, als eben dadurch, daß er (Brief vom September 1763 an die Herzogin von Sachsen-Gotha) „einen Scherz über religiöse Dinge für besser hielt, als blutige Religionskriege," daß er, wie er seinem Erzieher Duhan de Jandun gegenüber sich ausspricht, lieber „Vater eines guten Witzes, als Bruder in Christo sein wollte?" (Er ging hierin bekanntermaßen oft sehr weit; aber es ist nicht zu glauben, daß er jemals die Vaterschaft eines so schlechten und gesuchten Witzes, wie über die Eva am Schlusse unserer Morgenstunde, anerkannt hätte.) Wodurch hatte er Jene Anhänger veralteter Einrichtungen und Vorstellungen am meisten geärgert, wenn nicht durch Aeußerungen, wie im Examen de l'essai sur les préjugés: „Wir opfern die Ansprüche von Ebenbildern der Gottheit, von Vertretern derselben, die man den Fürsten in so unpassender Weise beilegt; die Könige sind Menschen, wie die andern; sie genießen nicht das ausschließliche Vorrecht, vollkommen zu sein in einer Welt, wo Nichts vollkommen ist?" Daß Friedrich daneben gelegentlich einmal zu einem ganz bestimmten Zweck die Religion als Politiker ausbeutete, soll damit nicht geläugnet werden. An Duhan de Jandun, der es als geschickten Streich schildert, predigen zu lassen, der schlesische Krieg sei vom König als Verfechter des Protestantismus unternommen, schreibt er: „die Religion und meine tapfern Soldaten werden das Uebrige thun."

Wenn die erste Hälfte dieser zweiten Morgenstunde noch Manches enthält, was zur Noth an Friedrich erinnern konnte, so ist die ganze zweite Hälfte eine Anhäufung des größten Unsinns, der größten Unwahrscheinlichkeiten, Widersprüche, thatsächlichen Irrthümer und Mißverständnisse. (Sehr bezeichnender Weise fehlt, wie schon bemerkt wurde, dieser ganze Abschnitt im Druck von 1766.) Die Aufgabe ist hier, Glied für Glied von dieser Kette falscher Behauptungen abzulösen und nachzuweisen, wie sie entstanden und an einander gefügt worden sind, und insbesondere, daß sie von Jemand herrühren, der weder Friedrich noch die preußischen Verhältnisse annähernd gekannt hat.

Friedrich nimmt nach den Matinées ein angeblich von

Friedrich Wilhelm begonnenes Unternehmen wieder auf, nehmlich die Katholiken, Lutheraner und Reformirten zu vereinigen, vermittelst der Verhöhnung der Anstalten und Heiligenverehrung der katholischen Kirche, sowie vermittelst der Ersetzung der heiligen Geheimnisse und des Buchstabenglaubens durch den gesunden Menschenverstand vermittelst der Forderung, daß die Lutheraner ihre Spitzfindigkeiten aufgeben und die Kalvinisten sich ihnen nähern sollen, vermittelt der Aufhebung der Mönchsklöster und des Cölibats.

Vor Allem widerspricht dieser ganze Plan den Grundanschauungen Friedrichs, wie er sie zu allen Zeiten seines Lebens offen dargelegt hat. Im Februar 1763 schreibt er an die Herzogin von Sachsen-Gotha: „Es gibt keinen ausschweifenderen Gedanken, als den Aberglauben zerstören zu wollen. Vorurtheile bilden die Vernunft des Volkes und dieses schwachköpfige Volk, verdient es aufgeklärt zu werden? Sehen wir nicht, daß der Aberglaube einer der Bestandtheile ist, welchen die Natur in die Zusammensetzung des Menschen gebracht hat?" Dasselbe wiederholt er öfters im Briefwechsel mit d'Alembert (November 1769): „Ich weiß nicht, welcher Engländer, der der christlichen Religion das Horoskop stellte und ihre Dauer berechnete, das Ende derselben auf den Schluß dieses Jahrhunderts festgesetzt hat. Ich wäre nicht böse darüber, dieses Schauspiel zu sehen, dennoch scheint mir, daß die Sache nicht so rasch gehen wird und daß die Priesterschaft ihre verächtlichen Abgeschmacktheiten vielleicht noch eine Reihe von Jahrhunderten aufrecht erhalten wird. — Dieß schöne Geschlecht mit zwei Füßen und ohne Federn wird stets der Spielball der Schufte sein, die es täuschen wollen." Im Oktober 1760 schreibt er an Voltaire: „Mehr als drei Viertel der Menschen sind gemacht für die Sklaverei des abgeschmacktesten Fanatismus," im August 1766: „Der gemeine

Haufe verdient nicht, aufgeklärt zu werden." Zwar meint er einmal im Oktober 1770 d'Alembert gegenüber: „Man sollte doch die Moral festhalten, das Nothwendige davon reformiren, die einflußreichen Männer aufklären, den Aberglauben lächerlich machen und die Glaubenssätze verhöhnen;" allein bald darauf (im Dezember) schreibt er: „Ich glaube, daß ein Philosoph, der es unternähme, dem Volk eine einfache Religion beizubringen, Gefahr laufen würde, gesteinigt zu werden." Besonders in Deutschland hielt Friedrich ein solches Unternehmen für fruchtlos; denn wie er einmal im Juli 1737 an Voltaire schreibt: „In Deutschland ist Jemand, der dafür angesehen wird, keine Religion zu haben, mag er auch der anständigste Mensch von der Welt sein, von Jedermann allgemein verschrieen." Daß man jedenfalls die Priesterschaft nicht angreifen dürfe, weil sie sehr mächtig und angesehen beim Volke sei, spricht er aus im Examen de l'essai sur les préjugés. Zwar neigt er sich eben dort zu der Ansicht, man könne durch literarische Bekämpfung, allerdings nur durch diese, religiösen Unsinn beseitigen, aber die Hauptsätze, an die er sich hält, sind die, daß das Gute und Böse sich überall vermischt vorfinde, daß nach der Erfahrung der Mensch aller Jahrhunderte in der beständigen Sklaverei des Irrthums sich befinde, daß der religiöse Kult der Völker gegründet sei auf abgeschmackte Fabeln und begleitet von seltsamen Gebräuchen, daß es demnach ein vergebliches Unternehmen wäre, Vorurtheile und Aberglauben ausrotten zu wollen. Das Mönchswesen greift er im selben Aufsatz nicht vom theologischen oder philosophischen, sondern vom volkswirthschaftlichen Standpunkt an, indem er sagt: „Der Verständige muß sich empören gegen diese Sammelplätze von Müssiggängern, welche leben auf Kosten des arbeitsamen Theiles des Volkes, gegen diese Menge von Klosterbrüdern, welche den Naturtrieb erstickend, so viel an ihnen ist, zum Aussterben des Menschengeschlechtes beitragen." In einem Brief an Voltaire vom Juli 1777 spricht er die Ueberzeugung aus, daß überall die Geldnoth die katholischen Staaten dazu führen werde, die Kirchengüter anzugreifen. Dann werde man die Statthalter Christi nicht mehr anerkennen, sondern jeder Staat seine eigenen Patriarchen, seine nationalen Konzilien haben und sich mehr und mehr von der Kircheneinheit entfernen.

Wenn, wie hiemit für Jeden einleuchtend dargethan ist, schon in Friedrich selbst alle Voraussetzungen fehlen zu dem ihm in den Matinées untergeschobenen Bekehrungsplan, so beruht Alles ferner auf einem geschichtlichen Irrthum, was über den Plan Friedrich Wilhelms und die Beauftragung des Präsidenten von Loën mit Ausarbeitung einer Abhandlung des schon angeführten Inhalts in unserer Morgenstunde gesagt ist. Erstlich ist es ein Irrthum, daß Friedrich Wilhelm je den abenteuerlichen Plan gehabt habe, die katholischen und protestantischen Bekenntnisse zu vereinigen. Sein Wunsch ging nur auf die Vereinigung der beiden protestantischen Bekenntnisse. Diese lag ihm allerdings sehr am Herzen und ihr zu lieb erlaubte er sich trotz seiner sonstigen Duldsamkeit manche Härte gegen eifrige Lutheraner und Reformirte, wie er z. B. die Schriften der orthodoxen Wittenberger Theologen in Preußen verbot. (Wir haben oben gesehen, daß Friedrich gleich im Anfange seiner Regierung jeden von seinem Vater in dieser Richtung eingeführten Zwang aus eigenem Antrieb aufhob.) Sodann ist die Behauptung falsch, daß der Präsident Loën im Auftrage Friedrich Wilhelms seine Abhandlung geschrieben habe. Barbier berichtet uns hierüber das Nähere: "Was in den Matinées als Inhalt jener Abhandlung angegeben wird, gibt eine getreue Auseinandersetzung der Abhandlung des Herrn von Loën: „La véritable religion, unique dans son espèce, universelle dans ses principes, corrompue par les disputes de théologiens, divisée en plusieurs sectes, réunie en Christ. Francfort et Leipsik, Jean Frédéric Fleischer 1751, 2 vol. in 8. Das Werk ist Friedrich II. gewidmet. „Wie," fragt Barbier mit Recht, „sollte sich dieser Fürst dieses Umstandes nicht erinnert haben? Ist er es nicht viel mehr, als sein Vater, der Herrn von Loën zum Schreiben veranlaßt hat?" Dieser Herr von Loën, Regierungspräsident von Tecklenburg und Lingen, hatte seine Abhandlung deutsch veröffentlicht; man hatte dann eine Uebersetzung davon begonnen, in welcher der Verfasser sich nicht wieder erkannte, was ihn bestimmte, selbst sein Werk zu übertragen. Die andere Uebersetzung erschien fast zur selben Zeit zu Hof und Baireuth, ohne Zeitangabe, 2 vol. in 8. Der Uebersetzer war ein französischer Edelmann; der seit Kurzem in Deutschland sich niedergelassen hatte. Herr von Loën, der im Jahr 1778 starb, hatte selbst einige Werke französisch veröffentlicht, unter anderem: „Système de religion universelle 1753, in 8."

Nach der weitern Darstellung der Matinées wäre Voltaire dazu ausersehen gewesen, das große Bekehrungswerk durch eine Vorrede einzuleiten. Im Jahre 1753 hatte Voltaire nach seinem Zerwürfniß mit Friedrich Berlin verlassen und mehrere Jahre hindurch war sogar der Briefwechsel zwischen beiden ganz stille gestanden und erst im Jahre 1757 wieder aufgenommen worden. Allein von der frühern Vertrautheit und Offenheit im Verkehr ist keine Spur mehr zu finden. Schon im September 1749 hatte Friedrich an Algarotti geschrieben: „es ist sehr schlimm, daß eine so gemeine Seele mit einem so schönen Geiste verbunden ist; er hat die Artigkeiten und die Bosheit eines Affen," und im Dezember 1751 an die Markgräfin von Baireuth: „Voltaire hat sich aufgeführt wie ein unartiger Narr — er hat so viele Schurkereien begangen, daß, wenn nicht sein Geist wäre, der mich noch verführt, ich genöthigt wäre, ihn vor die Thüre zu setzen;" dieß wiederholt er im April 1753 mit den Worten: „Voltaire ist der verrätherischste Schurke, den es auf der Welt gibt." Zum Ueberflusse haben wir noch aus späterer Zeit weitere Zeugnisse dafür, daß Friedrich bei seiner großen Verachtung gegen Voltaire's sittlichen Charakter demselben gewiß keine wichtige Aufgabe mehr anvertraut hätte. Wie Friedrich im Jahr 1753 an Darget geschrieben hatte: „Voltaire ist der unartigste Narr, den ich in meinem Leben kennen gelernt habe; er ist zu Nichts gut, als zum Lesen. Sie können sich nicht alle Doppelzüngigkeiten, Schurkereien und Gemeinheiten vorstellen, die er hier gemacht hat; ich bin entrüstet, daß so viel Geist und Kenntnisse die Menschen nicht besser machen;" so urtheilt er noch im Mai 1761 bei d'Argens: „Alles, was ihn angeht, berührt mich kaum. Dieser Mensch bleibt sich nicht gleich in seinem Benehmen. Ich sehe bei ihm nur einen Plan beständig, nehmlich Geld aufzuhäufen; das ist der einzige, von dem er sich nie entfernt, ohne Bedenken und Scham bei der Wahl der Mittel und fortwährend geplagt von einem unersättlichen Durst nach Reichthümern. Lassen wir diesen Elenden sich selbst bloß stellen durch die Käuflichkeit seiner Feder, durch die Treulosigkeit seiner Ränke und durch die Verkehrtheit seines Herzens;" in einem Brief an Catt vom März desselben Jahres nennt er Voltaire „einen großen Schuft und einen Menschen von verkehrter, niedriger und feiger Seele." Es heißt in der Lobrede, die Friedrich nach Voltaire's Tode auf denselben, der von ihm erlittenen Widerwärtigkeiten vergessend, verfaßt hat, Voltaire habe die Wahrheit eifrig gesucht, Duldung der verschiedenen Sekten empfohlen, Verfolgung verabscheut, die Laster der Priester gebrandmarkt, nie aber die wahre Religion angegriffen, dieselbe vielmehr vertheidigt. So gewiß dieses Lob unbegründet ist, so gewiß konnte Friedrich dann nicht wagen, dasselbe auszusprechen, wenn er selbst die Veranlassung zu einer Schrift Voltaire's gegeben hätte, welche die Vernichtung der bestehenden Religionen beabsichtigte. Dazu kommt, daß Friedrich selbst erklärte, Voltaire habe sich nie ein Religionsſyſtem gebildet. Allein wir haben noch eine Reihe äußerer, durchaus ſchlagender Zeugniſſe zur Hand. Wie Friedrich überhaupt den übergroßen Eifer Voltaire's und der Enzyklopädiſten gegen die Offenbarungsreligionen mißbilligte, ſo ſchrieb er im Jahre 1766 an Voltaire: „Wir kennen die Verbrechen, welche der Religionseifer begehen ließ; hüten wir uns, den Fanatismus in die Philoſophie einzuführen; ihr Charakter ſoll die Sanftmuth und Mäßigung ſein." Voltaire würde ſich doch wohl im Jahr 1766 noch daran, daß er im Jahr 1764 eine Weiſung ganz des entgegengeſetzten Sinnes erhalten hatte, erinnert und gegen die neue Ermahnung verwahrt haben. Friedrich ſchreibt ferner an b'Alembert im Juli 1769: „Voltaire iſt der Vorläufer dieſer Umwälzung geweſen; indem er die Geiſter darauf vorbereitete und mit vollen Händen den Spott ausſchüttete auf die Pfaffen und noch etwas Beſſeres." Wie konnte er, der dieſen Vorläufer doch ausgeſandt haben ſollte, ſich ſo ausdrücken Jemand gegenüber, der nach den Matinées ja ſelbſt auch Mitglied jener widerreligiöſen Verſchwörung und jedenfalls darüber unterrichtet war, welche Rolle man Voltaire zugetheilt hatte? Wenn ſchließlich b'Alembert im Februar 1764 Friedrich folgende Nachricht gibt: „Herr von Voltaire hat eben ein Werk vollendet über die Duldſamkeit, in welchem er ſich anſtrengt, die Chriſten zu überreden, ſich zu vertragen, weil ihre Religion unerträglich iſt; ich zweifle, ob dieſe Art, ſie zu überzeugen, ſie wohlwollend macht; man muß die Frommen behandeln, wie es die Sybille mit Cerberus in der Aeneis macht, nehmlich ihnen Kuchen, nicht Steine hinwerfen, um ſie am Bellen zu hindern," ſo haben wir erſtens ein klares Zeugniß, daß Friedrich und b'Alembert damals nicht mit Voltaire zuſammen arbeiteten, zweitens einen bedeutsamen Fingerzeig, wie in die Matinées, die ja auch 1764 abgefaßt wurden, die Bemerkung gekommen sein mochte: „Voltaire hat die Vorrede dazu gemacht" u. s. w., und drittens sehen wir zugleich, wie d'Alembert selbst über diese Sache dachte. Vermöge seines Charakters, dem Friedrich die schönste Anerkennung zollt — er schreibt an die Herzogin von Sachsen-Gotha im Juli 1763: „Herr d'Alembert hat einen aufrichtigen, natürlichen und friedfertigen Charakter" — und vermöge seiner Fähigkeiten und Geistesrichtung an sich wäre er wohl der Mann für die schwierigste Aufgabe in dem betreffenden Sinne gewesen; allein er denkt sich eine ganz andere Art, wie man den gewöhnlichen Volksglauben oder Aberglauben angreifen müsse. Er schreibt Friedrich im September 1766: „Ich glaube, ein Philosoph darf nur ein Viertel der Wahrheit sagen, wenn zu viel Gefahr dabei ist, dieselbe ganz vollständig zu sagen. Dieses Viertel wird stets gesagt sein und Früchte tragen, ohne dem Urheber zu schaden; in glücklicheren Zeiten werden dann die drei andern Viertel gesagt werden, sei es der Reihe nach, sei es auf einmal;" ähnlich im März 1770: „Es scheint mir, daß man die Hand nicht geschlossen halten muß, wenn man sicher ist, die Wahrheit darin zu haben; man muß nur mit Weisheit und Vorsicht die Finger der Hand, einen nach dem andern, aufthun und nach und nach ist die Hand plötzlich offen und die Wahrheit geht daraus ganz vollständig hervor; die Philosophen, welche die Hand zu rasch öffnen, sind Narren; man schneidet ihnen die Faust ab und das ist Alles, was sie dabei gewinnen. Diejenigen aber, welche sie ganz geschlossen halten, thun nicht für die Menschheit das, was sie sollen." Ebenso ungefähr lautet ein Brief vom nächsten Monat: „Ich denke mit Ew. Majestät, daß wenn der Irrthum und Aberglaube mächtig sind, man sie nicht leidenschaftlich angreifen muß, weil dieser ungestüme Eifer nur dazu dienen würde, die Philosophie mit einem fruchtlosen Verbrechen zu belasten. Man muß nicht die Kanone gegen das Haus richten, weil die Vertheidiger desselben aus den Fenstern einen Hagel von Gewehrschüssen absenden würden; man muß nach und nach beiseits ein anderes, wohnlicheres und bequemeres Haus errichten; unmerklich wird alle Welt kommen, in demselben zu wohnen und das von Leoparden gefüllte Haus wird verlassen stehen." Man sieht aus allem diesem, daß d'Alembert mit Friedrich darin einverstanden ist, daß man in diesen Dingen gerade den entgegengesetzten Weg einschlagen müsse, als der in den Matinées ihnen zugemuthet ist. Daß der Mathematiker und Präsident der Berliner Akademie, Maupertuis, dem übrigens Friedrich in vielen Briefen das Lob eines zuverläßigen, uneigennützigen, redlichen und kenntnißreichen Mannes gibt, für die Rolle, welche ihm in den Matinées zugetheilt wird, ganz und gar nicht der Mann war, brauchen wir nicht auszuführen. Derselbe war überdieß, was der Verfasser der Matinées leider übersehen hat, schon 1759 gestorben. So können wir sogleich zu Rousseau übergehen. Dieser hatte, wie es scheint, das Amt der Nachhut bei dem ganzen Plane zu übernehmen; schon seit vier Jahren soll er sich vorbereiten, um allen unvermutheten Einwürfen zu begegnen. Nun ist aber die Wahrheit, daß Friedrich von Rousseau sehr gering dachte. Und erst zwei Jahre vor Abfassung der Matinées trat er mit demselben in flüchtige Berührung, von welcher drei Briefe zeugen. Der erste vom Juli 1762 aus Motiers-Travers lautet: „Majestät, ich habe viel Böses über Sie gesagt und werde vielleicht noch mehr sagen. Indeß verjagt aus Frankreich, Genf, dem Kanton Bern, komme ich, eine Zuflucht in Ihren Staaten zu suchen; mein Fehler ist vielleicht, nicht damit angefangen zu haben; dieses Lob gehört zu denen, deren Sie würdig sind. Sire, ich habe von Ihnen keine Gnade verdient und ich fordere keine; aber ich habe geglaubt, Ew. Majestät erklären zu müssen, daß ich in ihrer Macht sei und darin sein wolle; Sie können über mich verfügen wie Sie wollen." Der zweite ist vom Oktober desselben Jahres. „Sire, Sie sind mein Beschützer und mein Wohlthäter und ich habe ein für Dankbarkeit geschaffenes Herz; ich komme, mit Ihnen abzurechnen, wenn ich kann. Sie wollen mir Brod geben; ist keiner Ihrer Unterthanen, der daran Mangel leidet? Nehmen Sie vor meinen Augen diesen Degen weg, der mich blendet und mich verletzt; er hat nur zu sehr seine Pflicht gethan und das Scepter ist verwaist! Die Laufbahn ist groß für die Könige von Ihrem Stoff, und Sie sind noch weit vom Ziele; indeß die Zeit drängt und es bleibt Ihnen nicht einen Augenblick zu verlieren, um dem Ziele entgegen zugehen. Könnte ich Friedrich den Gerechten und den Gefürchteten seine Staaten mit einem zahlreichen Volk erfüllen sehen, dessen Vater er wäre, und J. J. Rousseau, der Feind der Könige, wird zum Fuße seines Thrones kommen, dort zu sterben." Der dritte und letzte Brief ist aus Wooton, vom März 1766: „Sire, ich verdanke dem Unglück, welches mich verfolgt, zwei Güter, die mich trösten, das Wohlwollen von Mylord Maréschall und der Schutz Ew. Majestät. Gezwungen, fern von dem Staate zu leben, wo ich unter Ihre Völker eingeschrieben bin, bewahre ich die Liebe zu den Pflichten, welche ich dort auf mich genommen habe. Gestatten Sie, Sire, daß Ihre Güte mir folge mit meiner Dankbarkeit und daß ich stets die Ehre habe, Ihr Schützling zu sein, wie ich stets sein werde Ihr treuester Unterthan." Dieß war der ganze Verkehr zwischen Rousseau und Friedrich. Dieser spricht von Rousseau in mehreren Briefen (im Juli und September 1762) an George Keith, Earl Marischall of Scottland) (oder wie er sich selbst schrieb le Maréchal d'Ecosce), den tthalter von Neuenburg. Er schickt an Keith 100 Thaler, aber bei: „ich gestehe, daß meine Gedanken so verschieden den seinigen sind, als das Endliche von dem Unendlichen." glaube, daß Ihr Rousseau seine Bestimmung verfehlt hat; urtheile, daß Ihres Wilden Sitten ebenso rein, als sein stand haltlos ist;" im November 1762: „Ich habe Ihren und den des wilden Philosophen erhalten," im Sep= 1763: „Man sagt, daß Jan Jacques Ihnen nicht wird, so daß Ihre Schotten nicht den schweizerischen sehen werden. Sie werden deßwegen nicht sehr zu sein und Herr Hume wird Sie hundertfach für das was Sie bei der Gesellschaft von Jan Jacques könnten."

Was schließlich den abenteuerlichen Plan eines Kou= Betrifft, so hat der Verfasser der Matinées entschiedenes bewiesen in der Wahl der beiden Männer, die er Vertretern dieses merkwürdigen Gedankens macht. D d'Argens, bis zu seinem Tode der treueste Freu drichs, theilte im Allgemeinen dessen religiöse Zwe nennt sich deßwegen wohl auch einmal scherzweise Vikar der Sette Friedrichs." Er hat aber wiede aufmerksam gemacht, wie schädlich der Eifer der Philosophen gegen jede geoffenbarte Religio nothwendig es sei, das zu schonen, was in den Millionen Menschen ein Heiligthum bilde. Je seine Bemühungen, die zum Theil in das Ja nehmlich nachzuweisen, wie die christlichen P schichte verdorben haben, weit ab von den i es untergeschobenen Dingen. Herrn For nach der Notter'schen Handschrift die rich fasser von Histoire de l'Academie royal des belles lettres depuis son origine j Berlin 1750 und von Souvenirs d'un c

à Berlin 1789, hier zu nennen als Verbündeten von d'Ar=
gens, verräth eine vollständige Unkenntniß der Verhältnisse
und Umgebung Friedrichs; denn erstlich stand derselbe nur
als sécretaire perpétuel der Academie der Wissenschaften in
bloß oberflächlichem, schriftlichem Verkehr mit Friedrich, und
wurde erst 15 Jahre nach Abfassung der Matinées manch=
mal zum König berufen, der übrigens nicht allzuviel auf
ihn hielt, wie aus einem Brief von Algarotti hervorgeht,
vom Februar 1754: „Formay hat geistreich sein wollen; er
hat einen Anlauf gegen die Natur unternommen und sicher=
lich ist dies nicht zu seinem Vortheil ausgefallen." Und
dann theilte Formey nicht die freie Denkart des Königs über
die Religion.

Alle diese in der zweiten Hälfte unserer Morgenstunde
angehäuften Irrthümer, falschen Voraussetzungen, Beweise von
vollständiger Unkenntniß der Verhältnisse legen klar dar, daß
hier ein Fremder spricht. Die ganze Art der Darstellung,
die wenn auch ziemlich oberflächliche Kenntniß der einschlägigen
französischen Literatur, die Leichtfertigkeit in den Anschauungen
weisen uns mit Bestimmtheit auf französischen Ursprung
hin. Wir werden später sehen, daß dafür auch noch unbe=
deutende Einzelnheiten in unserer Morgenstunde sprechen.

Nachzutragen haben wir nur noch eine kurze Bemerkung
über den Abschnitt, welcher die Juden betrifft. Nachdem
im Vorhergehenden die katholischen Priester mit einer Menge
von Schimpfnamen belegt sind, spricht sich der Verfasser der
Matinées mit großer Duldsamkeit über die Juden aus. Er
stellt hier Friedrich in einem günstigeren Lichte dar, als der=
selbe wirklich verdient, und er läßt sich hier merkwürdiger
Weise eine Gelegenheit entgehen, den Haß Friedrichs gegen
jede Religion durch ein neues schlagendes Beispiel zu beweisen.
Friedrich hegte nehmlich trotzdem, daß er im Allgemeinen
auch hier sich duldsamer bewies, als die zeitgenössischen Fürsten

fortwährend eine nicht geringe Abneigung gegen die Juden und zwar, wie vermuthet wird, eben wegen der Zähigkeit, mit welcher sie den Glauben ihrer Väter festhielten. In großem Gegensatz zu der Duldsamkeit der Matinées gegen dieselben stehen seine Einrichtungen zur Verhinderung ihrer Vermehrung. Er hat die Zahl der Juden, die nicht überschritten werden durfte, an jedem Orte genau festgesetzt; jeder jüdische Familienvater mußte einen Schutzbrief haben, der nur auf eines seiner Kinder vererbt werden konnte, während den andern Nichts übrig blieb, als das Land zu verlassen oder eigene Schutzbriefe zu lösen. Dazu kamen noch weitere Quälereien der eigenthümlichsten Art. „Die Juden mußten um sich niederlassen und verheirathen zu können, Porzellan aus der königlichen Fabrik kaufen und im Ausland verkaufen u. s. w.

Wenn in der Morgenstunde „über die Religion" wenigstens an einzelnen Stellen der ersten Hälfte Anklänge an wirkliche Anschauungen und Aussprüche Friedrichs sich finden, so können wir auch keine Spur davon in der dritten Morgenstunde „über die Rechtspflege" entdecken. Schon die ersten Sätze, daß der König zwar für Aufrechterhaltung des Rechts zwischen den Unterthanen sorgen, sich aber nicht selbst unter das Recht beugen müsse, was durch das höchst unpassende Beispiel von Karl I. bekräftigt werden soll, widerspricht geradezu allen uns aus dem Leben Friedrichs bekannten Thatsachen und allen seinen auf die Rechtspflege bezüglichen Erlassen und sonstigen Aeußerungen.

Bekanntlich erlaubte sich der König nur selten einen Eingriff in den Wirkungskreis der Gerichte und hatte selten mündliche Verhandlungen mit dem Justizministerium. Wie überhaupt alle Streitigkeiten über Besitz oder Rechte zwischen dem König und seinen Unterthanen lediglich den Gerichtsbehörden unterlagen, so durften insbesondere die Finanzbehörden, wenn die Ansprüche des königlichen Fiskus irgend zweifelhaft waren, dieselben gegen Unterthanen gar nicht geltend machen. Auch ist nicht minder bekannt, daß mehrmals Rechtshändel gegen den König entschieden wurden. Es heißt in dem Protokoll zu der bekannten Arnold'schen Sache, in welcher Friedrich aus dem edelsten Triebe einen so folgereichen Mißgriff beging: „die Justizkollegia in den Provinzen müssen wissen, daß der geringste Bauer, ja was noch mehr ist, der Bettler ebensowohl ein Mensch ist, als Seine Majestät sind. — Vor der Justiz sind alle Menschen gleich, es mag sein ein Prinz, der wider einen Bauer klagt, oder auch umgekehrt, so ist der Prinz dem Bauer gleich." In der geheimen Instruktion für das General=Direktorium von 1748 lautet Articulus 17: „Dafern je zwischen denen Kammern und denen Edelleuten unvermeidliche Disputen und Prozesse vorkommen sollten, so soll das Generaldirektorium denen letzteren nicht nur Gerechtigkeit widerfahren lassen, sondern sogar Seiner Majestät Selbst eher, als jenen zu nahe thun, indem dasjenige, was vor höchst dieselbe ein kleiner und nicht zu merkender Verlust ist, dem Edelmann ein sehr großer und ansehnlicher Vortheil sein kann!" Im zweiten Zusatzartikel heißt es: „Es wollen und befehlen demnach Seine königliche Majestät, daß von nun an weder das General= direktorium, noch die Kriegs= und Domainenkammern sich weiter in einigen Klage= und Prozeßsachen meliren, sondern solche insgesambt, sie mögen bei Immediat= oder Mediat= Unterthanen, unter einander selbst oder zwischen jenen und dieser gegeneinander oder auch mit dem Fisco selbst entstehen, bei denen dazu bestellten ordentlichen Gerichten und Justiz= Collegiis angebracht und decidirt werden sollen."

Im weitern Zusammenhang der Matinées wird behauptet, Friedrich habe sein neues Gesetzbuch eingeführt, um alle seiner Willkühr und Ehrsucht hinderlichen Schranken wegzuräumen. Wenn dieß nach dem eben Dargelegten sich von selbst erledigt, so ist auch die Behauptung der englischen Zeitschrift, alte Gesetze und Gewohnheiten besitzen ein durch die Zeit geheiligtes Ansehen, welches dem König unbequem sein könne, während eine Gesetzesurkunde als sein eigenes Werk und durch seine eigene Genehmigung bestehend keine Schranke für ihn sein könne, und die weitere Behauptung, Friedrich habe durch seine bemerkenswerthe Einräumung gezeigt, daß Savigny und die historische Schule der Rechtswissenschaft mit ihrem Widerstande gegen die Kodifikation Recht haben, dadurch beseitigt, daß in einzelnen Landestheilen das gute Alte beibehalten, daß überhaupt nur allmählig ausgebessert wurde. Der weitere Grund zur Einführung des neuen Gesetzbuches soll nach den Matinées die Furcht vor der Unabhängigkeit der gerichtlichen Behörden gewesen sein, und nach der englischen Zeitschrift sind Friedrichs Betrachtungen über diesen Gegenstand tiefer als irgend etwas Anderes in dem übrigen Theil seines Werkes. Auch dieß erledigt sich nach dem schon Angeführten, dem zu Folge ja die Gerichte in Preußen durch Friedrich eine viel selbständigere Stellung erhielten, als sie jemals besessen hatten. Der dritte Beweggrund soll, wie es im Anfang heißt, nicht das Mitleid mit seinen durch die Rechtsverdreher mißhandelten Unterthanen, und dann doch wieder, wie etwas später gesagt wird, der Schrecken vor dem durch die Rechtshändel bevorstehenden Untergang des Volkswohlstandes gewesen sein. Legen wir diesem Irrsal von Widersprüchen gegenüber ganz in der Kürze die Geschichte der Friedrich'schen Gesetzgebung sammt ihren Beweggründen dar! Das erste Mal bemühte sich Friedrich um Verbesserung der Gesetze und Rechtspflege, als er nach dem zweiten schlesischen Krieg auf dauerhaften Frieden rechnen konnte. Ein Beweis seiner Bemühungen um gute Gesetze und der Einsicht von der Wichtigkeit derselben liegt unter Anderem vor in seiner Dissertation sur les raisons d'établir ou d'abroger les lois vom Jahr 1747 (1748?) Während Cocceji mit der Umgestaltung der Civiljustiz beauftragt war, wurden auch in die Kriminaljustiz menschlichere Bestimmungen aufgenommen, wie die Aufhebung der Folter, die bei allen Regierungen Europas Nachahmung fand. Seine Absicht ging vor Allem dahin, das Volk den Krallen der Rechtsanwälte zu entziehen, die von den Streitigkeiten lebten. Zu dem Zwecke wollte er, daß alle seither bestehenden offenkundigen Mängel abgethan, besonders alle Dunkelheiten im Ausdruck beseitigt würden. Namentlich gegen die unverständlichen Kunstausdrücke war es eingenommen, und er selbst hatte mehrmals den Verdacht, daß man auch ihm durch dieselben einen Schleier über die Augen werfen wolle. Vor Allem wollte er aber die Rechtshändel so rasch als möglich erledigt wissen. Er verlangt in dem Essai sur les formes de gouvernement et sur les devoirs des souverains vom Jahre 1777, daß die Gesetze gut und klar, der Rechtsgang kurz, Richter und Rechtsanwälte überwacht seien. Dasselbe erklärt er in dem Abschnitt „de la justice" des Exposé du gouvernement prussien, des principes, sur lesquels sil roule, avec quelques réflexions politiques. Während nun die meisten höheren Justizbeamten wegen der großen Schwierigkeiten nicht viel Lust zeigten, fand Friedrich am Justizminister Schlesiens, von Carmer, seinen Mann. Dieser umgab sich mit tüchtigen Gehilfen (darunter besonders der Geheimerath Suarez) und bestellte einen eigentlichen Gesetzesausschuß aus den erfahrensten Rechtsgelehrten, ließ sich fortwährend von den Landesgerichtshöfen und Landständen Gutachten zuschicken; und so wurde der feste Grund zu dem großen Werke gelegt, dessen Vollendung Friedrich nicht mehr erleben sollte. „Aber," sagte Dohm, „ihm gebührt der Ruhm, den Gedanken einer neuen, auf den Grundlagen ächter Philosophie und Menschlichkeit aufgeführten Gesetzgebung gehabt zu haben, und so gebührt ihm auf immer der Name des edelsten Gesetzgebers, um so mehr da er nach diesem Ruhm in einem Alter rang, in dem ihm gewiß vergönnt gewesen wäre, auf den Lorbeeren des Feldherrn und Herrschers auszuruhen."

Daß, um noch Einzelnes nachzutragen, der Satz der Matinées „man widersetzte sich den durch meine Befehle gegebenen Urtheilen; ich ärgerte mich darüber nicht, denn es war so der Brauch" nach dem seither Angeführten ebenfalls in sein Nichts zusammensinkt, ist klar. Zum Ueberfluß bemerken wir, daß Friedrich in dem Avantpropos (1764) zur Histoire de la guerre de sept ans Cocceji sowie den neuen Beamten in den Gerichtshöfen großes Lob spendet.

An einer früheren Stelle dieser Morgenstunde heißt es: „Ich vermisse die kleinen Vortheile, die mir die Rechtsverbrehungen verschafften; meine Einkünfte sind um 500,000 livres vermindert worden." (Daß Friedrich nach livres rechnen soll, ist sehr auffallend, denn gewöhnlich rechnet er sogar Franzosen gegenüber nach Thalern und es ist mir nur eine Ausnahme von dieser Gewohnheit bekannt, nehmlich in einem Briefe an Mylord Marischal, wo er den Gehalt d'Alembert's nach livres berechnet; daß er einmal nach Gulden gerechnet hätte, wie in der Buffon'schen Ausgabe geschieht, ist höchst unwahrscheinlich.) Da noch an mehreren Stellen der Matinées Friedrich als geizig geschildert ist, so wollen wir darüber bei der vorliegenden Stelle sprechen. Vor Allem ist die scharfe Trennung hervorzuheben, welche Friedrich bis zu seinem Tode zwischen dem Staatsschatz und seinem eigenen aufrecht erhielt. Während er, wie wir aus einer Menge von Briefen sehen, seiner geliebten Schwester, der Markgräfin von Baireuth, unaufhörlich in der freigebigsten Weise Geschenke macht, schreibt er ihr am 23. Februar 1753, als sie durch den Brand ihres Schlosses in große Noth gekommen war: „Du hast allen Grund zu sagen, daß ich den Schatz nicht anrühren darf. Seit dem Tode meines Vaters habe ich nie einen Pfennig, der dem Staate gehörte, zu meinem Gebrauche verwendet." So konnte er auch in seinem Vermächtniß (siehe oben) sagen: Ich überlasse meinem Neffen den Schatz in dem Zustande, in welchem er sich an meinem Sterbetag befinden wird, als ein dem Staate zugehöriges Gut, das nur zur Vertheidigung oder zur Unterstützung des Volkes angewendet werden darf. „Ich habe die Einkünfte des Staates immer als die Bundeslade betrachtet. — Ich habe die öffentlichen Einkünfte nie zu meinem besondern Nutzen verwendet. — Auch läßt mir meine Staatsverwaltung ein ruhiges Gewissen und ich scheue mich nicht, öffentlich Rechenschaft davon abzulegen." Es dürfte schwer sein, ein Beispiel aufzufinden, daß Friedrich dem untreu geworden wäre, was er bei jener feierlichen Gelegenheit aussprach, am 2. Juni 1740, als er den Eid der Minister entgegennahm: „Seien Sie ein für allemal davon in Kenntniß gesetzt, daß ich glaube, nur das diene zu meinem Nutzen, was zur Erleichterung und zum Glück meiner Völker beitragen kann." In den Memoires pour servir à l'histoire de la maison de Brandebourg tadelt er Friedrichs I. Verschwendung mit scharfen Worten und fügt bei: „Ein Fürst ist der erste Diener und die erste Behörde des Staats. Wenn der Herrscher einen aufgeklärten Geist und ein gerades Herz hat, so wird er alle seine Ausgaben zum öffentlichen Nutzen verwenden und zum größten Vortheil seiner Völker. Ein geiziger Fürst ist für seine Völker wie ein Arzt, welcher einen Kranken in seinem Blut ersticken läßt; der verschwenderische ist wie derjenige, welcher ihn tödtet dadurch, daß er ihm zu viel Blut abzapft." Im Chapitre I. der Histoire de la guerre de sept ans sagt er: „Ein Fürst darf in einem armen Lande die Unterthanen nicht zu sehr drücken; er muß durch gute Sparsamkeit nothwendige außerordentliche Ausgaben ermöglichen." Im Exposé du gouvernement prussien . . ., in der Combinaison du total du gouvernement heißt es: „Der Herrscher muß sparsam sein und arme Landstriche unterstützen;" im Essai sur les formes de gouvernement et sur les devoirs des souverains: „Der Fürst muß als letzte Zuflucht für die Unglücklichen dienen, Vaterstelle bei den Waisen vertreten, den Wittwen helfen, Gefühl haben für den letzten Elenden, wie für den ersten Hofmann, und Gaben ausschütten über diejenigen, welche aller Hilfe beraubt nur Unterstützung finden können durch seine Wohlthaten." Friedrich hat Solches aber nicht bloß grundsätzlich ausgesprochen, sondern auch wirklich befolgt. Zwar erregte die Einrichtung der General=Zoll= und Accise=Administration den allgemeinen Unwillen des Landes und man seufzte über die neuen harten Abgaben, die er in der wohlmeinendsten Absicht eingeführt hatte. Dagegen haben wir in der geheimen Instruktion für das Generaldirektorium die besten Belege dafür, wie wenig er darauf ausging, sein Einkommen durch zu drückende Maßregeln zu steigern. Er eifert dort gegen die „abominable Plusmacherei" der Beamten, „durch welche denen Bürgern ihre Nahrung entzogen und der Hals abgeschnitten wird," und er führt jenes merkwürdige Verfahren ein vor der Verpachtung der Aemter, wonach eine Untersuchung angestellt wurde, ob der Beamte in den vorangegangenen Pachtjahren mit den Amtsunterthanen christlich umgegangen sei, und wonach Beamte abgesetzt wurden, „wenn bei dieser Untersuchung sich finden sollte, daß der Beamte ein eigennütziger Bauernplacker ist, ob er sonst gleich gut gewirthschaftet und richtig bezahlt hat." Es heißt im 26. Artikel: „Es sollen keine Eckardt'schen" — Eckardt war der vom Volkshaß mit dem Titel „Kaminrath" oder „Plusmacher" belegte Günstling Friedrich Wilhelms I. — „Principien mehr practicirt werden, inmaaßen Seine königliche Majestät auch hierbei nichts mehr verlangen, als was recht und billig ist." Im

27. Artikel äußert er sich über die Domänen-Commissionen: „die Aemteranschläge sollen bei der Revision gründlich examinirt und dabei das Plus, so durch neue Auflagen der Unterthanen in die Anschläge gebracht ist, durchaus nicht statuirt, noch weniger aber darauf studiert werden, bei diesem oder jenem Pertinenzstücke, um ein größeres Plus herauszuziehen, die Sätze ohne genügsames Fundament nach Willkühr zu erhöhen." Es war sein Grundsatz, im Staatsschatze immer den Aufwand für zwei Feldzüge bereit zu haben. Wir dürfen auf dieses Verfahren, baare Gelder niederzulegen, nicht den Maßstab unserer heutigen Finanzgrundsätze anwenden. Friedrich hatte die Früchte seiner Handlungsweise zu genießen, z. B. als Oesterreich einen Theil Bayerns an sich reißen wollte, und später als vom Tausche Bayerns die Rede war. So konnte er im Testament politique vom 7. Nov. 1768 von sich das Zeugniß ablegen: „Die Regierung vermehrte ihre Einkünfte, um sie für die nothwendigen Ausgaben zum Wohle des Staates zu verwenden." „Die Krone besaß zu viel Meiereien; mehr als 50 wurden in Dörfer verwandelt, und was sie dabei an Einkünften verlor, wurde ihr reichlich ersetzt durch die Vermehrung der Bevölkerung. Der König unterstützte den Adel durch beträchtliche Summen, um seinen ganz gesunkenen Kredit wieder herzustellen. — Der König, welcher sich ein Vergnügen und eine Pflicht daraus machte, dem ersten und glänzendsten Stande des Staates beizustehen, zahlte dem Adel 300,000 Thaler Schulden." Ein nicht minder kostbares Zeugniß haben wir in dem „General-Donations- und Bestätigungs-Patent über alle während Seiner königlichen Majestät Regierung an dero Vasallen und Unterthanen in Schlesien geschenkte Geldsummen", vom 18. Februar 1778: „Es muß noch in frischem Andenken sein, daß Wir bald nach dem in Anno 1763 glücklich hergestellten Frieden theils der ganzen Provinz einen sechsmonatlichen Steuer-Enthang an-

gedeihen lassen, theils nachher einzelnen Vasallen und Unter=
thanen zu ihrer Aufhelfung aus erlittenen Unglücksfällen und
zu Verbesserung ihrer Güter ansehnliche Geldsummen geschenkt
haben, daß Wir sowohl ganze durch Brand verunglückte
Städte, als einzelner Eigenthümer Häuser auf Unsere Kosten
wieder aufbauen lassen, oder an andern Orten ansehnliche Bei=
hülfen accordiret, und darauf von Jahr zu Jahr große Geld=
summen verwendet haben; daß Wir bei dem in Anno 1771
durch verschiedene Mißwachsjahre entstandenen Mangel an
Brod= und Saamen=Getraide hinreichende Mehl= und Geldvor=
schüsse unter die nothdürftigsten Unterthanen vertheilen lassen,
hiernächst aber, von der Noth des Landmannes durchdrungen,
diese Vorschüsse völlig und auf immer erlassen haben; daß Wir
ferner noch neuerlich der ganzen Provinz einen abermaligen drei=
monatlichen Steuererlaß accordiret, und denen Contribuenten
aus Unsern Kassen baar auszahlen lassen, und daß Wir endlich
denjenigen Unserer getreuen Vasallen, welche bei ihren Gütern
neue Etablissements von ganzen Dörfern oder einzelnen Colonie=
Stellen, gegen die in Unserer diesfälligen Declaration vom
28. Aug. 1773 vorgeschriebenen Bedingungen anzulegen sich er=
boten, sehr reichliche Geld-Bonificationes dafür accordirt haben,
und allein zu diesem Behuf in den letztverflossenen vier Jahren
450,000 Reichsthaler unter diese Güterbesitzer als ein Ge=
schenk vertheilen lassen." Im Weiteren wird noch ver=
heißen, daß diese Schenkungen weder von Friedrich, noch
von seinen Nachkommen zurückgenommen werden sollen.

Schon in seiner Histoire de la guerre de sept ans
(Chapitre I.) konnte Friedrich als Erfolg seiner haushälte=
rischen Regierung angeben, daß durch Austrocknung von
Sümpfen zwischen Swinemünde und Küstrin eine neue
Provinz geschaffen, Fabriken, 280 Dörfer, Manufakturen,
Maulbeerpflanzungen, Salzbergwerke angelegt und schon 1756
die Einnahmen der Krone um 1,200,000 Thaler vermehrt,

die Volkszahl bis auf 5,300,000 Seelen gestiegen sei. Er selber nahm sich für seinen eigenen Haushalt aus dem Schatze niemals mehr, als jährlich 120,000 Thaler. Er konnte im Testament politique rühmen: „Der König machte nicht jene an den großen Höfen so gewöhnlichen Ausgaben für den Prunk; er lebte wie ein Privatmann, um nicht den ersten Pflichten seines Berufes sich entziehen zu müssen." Den Prunk, wie auch das Spiel haßte er übrigens mehr wegen der innern Hohlheit, als wegen des Geldes, denn trotzdem daß er so gut wirthschaftete; war ihm doch Geiz und Habsucht fern. Es darf hier schließlich nur an die vielen und reichen Geschenke erinnert werden, mit welchen er seine Freunde und Verwandte überschüttete.

Der Schluß unserer Morgenstunde bringt in der Rotter'schen und Méneval'schen Handschrift noch — in eigenthümlicher Weise „Rechtspflege" und Politik vermischend oder verwechselnd — eine Vergleichung der Stellung eines unbeschränkten und eines konstitutionellen Fürsten und läßt Friedrich sich, obwohl dieß für das Volk ein Unglück sei, aus Ehrgeiz und deßwegen für den Despotismus erklären, weil sich hier die Höflinge nicht Täuschungen erlauben dürfen, während ein beschränkter Herrscher durch Schmeichelei mißleitet werde. Herr Acton meint, dieß sei die einzige Stelle, wo Friedrich einen wohlthuenden Gegensatz zu Ludwig XIV. bilde; er sei nicht geblendet durch Hochmuth oder engherzige Heuchelei; er habe weniger von der Ehrfurcht und dem Aberglauben, von welchem der Letztere bei Betrachtung seiner eigenen Größe erfüllt sei. Wir sind bei Beurtheilung dieser Frage allerdings lediglich auf die Ansichten, die Friedrich bei verschiedenen Gelegenheiten ausgesprochen hat, angewiesen, denn seine Regierung war gewiß, wie es eben in der Zeit lag, nichts Anderes, als ein aufgeklärter Despotismus. Zum Beweis aber für die Freiheit der Anschauungen und Gedanken des Königs, der auch hier über seine Zeit und Verhältnisse hinaus den Blick richtete, wollen wir einige seiner bemerkenswerthern Ansprüche hierüber anführen. Schon im Jahre 1739 preist er im Épitre an Lord Baltimore: „Sur la liberté den Geist der Freiheit in England. In dem Aufsatz Des Moeurs, des Contumes, de l'Industrie, des Progrès de l'Esprit Humain stellt er in der Époque Troisième einen Vergleich an zwischen der Monarchie und der Republik und ist unbefangen genug, der letzteren den Vorzug zu geben, und zwar, weil „gute Könige sterben, weise Gesetze aber unsterblich sind". In dem Épitre an Mitchell: „sur l'origine du mal" ruft er aus: „Eure Fürsten, die ein wahrhaft königliches Recht genießen, sind frei, wenn sie gut, gebunden, wenn sie schlecht handeln. Wie ist ihr Loos glücklich! Wie sind sie beneidenswerth!" Im Uebrigen sprach er in den Lettres sur l'amour de la patrie vom Jahr 1779 die für seine Zeit merkwürdige Beobachtung aus: „Die guten Monarchen bilden in unsern Tagen eine Regierung, welche mehr der Oligarchie, als dem Despotismus sich nähert; es sind die Gesetze allein, welche regieren." In der Apologie de ma conduite politique vom Jahr 1757 heißt es: „Ich für meinen Theil, der ich gottlob weder den Stolz habe, welchen das Befehlen einflößt, noch den unerträglichen Hochmuth des Königsthums, ich mache mir kein Bedenken daraus, von meinem Wirken dem Volke Rechnung abzulegen, zu dessen Herrscher mich der Zufall der Geburt gemacht hat."

Die vierte Morgenstunde handelt, wie wir wissen, von der Politik. Diese besteht nach den Matinées lediglich darin, daß man Andere täuscht, um sich einen Vortheil zu verschaffen, daß man namentlich, wenn man irgend kann, einen Nachbar beraubt. Es ist allerdings nicht zu leugnen, daß Friedrich im Scherze wohl manchmal den Begriff der Politik als bloße Schurkerei bestimmte, oder daß er einmal von einer besonders günstigen Gelegenheit verlockt, oder durch den Drang der Umstände gezwungen, eine solchen Grundsätzen entsprechende Handlungsweise einschlug. Er schreibt z. B. im April 1747 an Voltaire: „Vielleicht könnte ich über Politik schwatzen, was in den meisten Fällen nichts Anderes heißt, als die Schurkerei der Menschen in Heldenhaftigkeit verkleiden." In einer eigenhändigen Nachschrift zu einem Kabinetsschreiben vom 1. Novbr. 1740 an Podewils heißt es: „Ich gebe euch ein Problem zu lösen: Wenn man einen Vortheil besitzt, soll man sich dessen offen bedienen oder nicht? Ich habe meine Truppen und alles Nöthige in Bereitschaft; wenn ich versäume, sie anzuwenden, so habe ich ein Gut in meiner Hand, das ich nicht zu gebrauchen weiß. Wenn ich mich dagegen meines Vortheils bediene, so wird man sagen müssen, daß ich die Ueberlegenheit über meine Nachbarn, die ich habe, auch zu benützen verstehe." Und in einem von Arneth mitgetheilten Schreiben vom Oktober 1741 erklärte er demselben: „Wenn wir als anständige Menschen gewinnen können, werden wir anständig sein, und wenn wir betrügen müssen, so seien wir denn Schufte!" Wenn aber sicherlich Friedrich so gut, wie jeder andere Staatsmann und Herrscher, manchmal nicht vermeiden konnte, zu Mitteln zu greifen, welche vor dem Richterstuhl der bürgerlichen Moral nicht Stich halten, so werden wir ihm gewiß andrerseits nicht die Abgeschmacktheit zutrauen, in einer Staatsschrift an die Spitze einer Abhandlung über Politik den Satz zu stellen, Politik sei Nichts, als Schurkerei. Es ist schon dieß Eine undenkbar, daß er, der von Jugend auf, wie sein Antimachiavel zeigt, sich mit großem Ernste und tiefer Gründlichkeit auf seinen politischen Beruf vorbereitete, der so viel dachte und schrieb über alle Fragen der äußern und innern Politik, über das Verhältniß der europäischen Staaten zu einander, über die Stellung und Aufgabe Preußens, über Staatszwecke überhaupt und Staatsformen, über die Mittel zur Hebung der Staatsmacht, über die Fragen des Kriegs, des Friedens und der Bündnisse, daß er mit keinem andern Ergebniß seiner Forschungen und Erfahrungen hätte auftreten können, als mit einem so armseligen Satz. Eben diesen Satz legt er übrigens seinem erbittertsten Feind, über dessen Leichtfertigkeit in Behandlung politischer Dinge er sich oft mit herbem Tadel aussprach, dem Herzog von Choiseul in den Mund, im dialogue des Morts, wo dieser zu Sokrates sagt: „Dein Kahlkopf soll begreifen, daß Staatsstreiche keine Verbrechen sind, und daß Alles, was Ruhm verleiht, groß ist. Herr Philosoph, wissen Sie, daß man kein ehrliches Gewissen zu haben braucht, wenn man die Welt regiert."

Ganz anders, als in den Matinées, ist im Exposé du gouvernement prussien die Aufgabe der preußischen Staatslenker bestimmt: „Dieses Land muß von Fürsten regiert werden, die immer auf der Wache stehen, die Ohren gespitzt, um über ihre Nachbarn zu wachen, und bereit, sich zu vertheidigen von einem Tag zum andern gegen die verderblichen Pläne ihrer Feinde." Jedenfalls faßt Friedrich die Politik durchaus als eine ernste Sache auf, denn, wie er im Exposé de l'Essai sur les préjugés sagt, „die Wissenschaft des Regierens ist eine Wissenschaft für sich; um darüber sachgemäß zu sprechen, muß man lange Studien gemacht haben," und, wie es im Épitre à d'Alembert heißt: „Die Regierungskunst ist mein hauptsächlichstes Studium." Er schreibt an d'Argens im Mai 1759: „Was mich betrifft, der ich gezwungen bin, ein Handwerk zu verrichten, zu welchem mich der blinde Zufall einer Geburt verdammt, so strenge ich mich an, die Fähigkeiten zu bekommen, welche dazu nöthig sind, und durch Kunst und Fleiß das zu ergänzen, was die Natur mir versagt hat." Des Nähern darüber spricht er sich namentlich aus in einer Reihe von Briefen an Prinz Wilhelm vom Jahr 1744 bis zum Jahr 1753. Die hierher gehörige Stellen lauten: „Unser Staat muß einen Fürsten haben, der mit seinen Augen sieht, und der selber regiert. Wenn das Unglück wollte, daß es anders wäre, so würde Alles zu Grunde gehen; es ist nur eine sehr angestrengte Arbeit, eine unaufhörliche Aufmerksamkeit und viele kleine Einzelheiten, was bei uns die großen Geschäfte ausmacht." — „Der Staat, zu welchem Ihr Loos Sie beruft, verlangt nicht nur gute Absichten, sondern auch eine große Befähigung; ich bedaure jeden Tag meines Lebens, welchen ich nicht dem Fleiß und dem Studium gewidmet habe." — „Gemäß der Form unserer Regierung thut hier der König Alles und die andern Stände führen jeder die Geschäfte in ihren Einzelheiten aus, welche in ihren Bereich gehören. Wenn also der Fürst nicht gründlich unterrichtet ist von dem Zusammenhang aller Dinge, so ist es unmöglich, daß der Staat nicht sehr darunter leide." „Es ist sehr nothwendig, daß Sie ein Land kennen lernen und sehen, welches Sie einst regieren sollen."

Schließlich ist es jedenfalls undenkbar, daß Friedrich seinem Thronfolger gegenüber in so wichtigen Dingen einen so leichtfertigen Ton angeschlagen hätte. Es ist ja bekannt, daß dieser in seinen frühern Jahren die Liebe seines Oheims dadurch verlor, daß er sich nicht mit gehörigem Ernst auf seinen großen Beruf vorbereitete. Friedrich ließ denselben sehr empfindlich seinen Unwillen fühlen, als er einmal fand, daß der Prinz wenig von dem, was in den Versammlungen des höchsten Departements verhandelt worden war, sich gemerkt hatte.

Nach der Ermahnung, überhaupt die Politik nur als Schurkerei zu behandeln, wird in Beziehung auf Bündnisse ausgesprochen, daß hier die persönliche Ehrenhaftigkeit des Fürsten gar nicht in's Spiel kommen dürfe, ähnlich etwa wie in Beziehung auf denselben Gegenstand nach der Weisung

der zweiten Morgenstunde alle Rücksicht auf Religion weg=
fallen sollte. Das Verhalten in Betreff der Bündnisse hat
den Verfasser der Matinées sehr viel beschäftigt, und dieser
Gegenstand erscheint ihm so wichtig, daß er demselben sogar
einen eigenen Abschnitt in der fünften Morgenstunde widmet.
Dort sagt der Verfasser, er sei dahin gekommen, sich dem zu
nähern, der ihm am meisten biete. Thatsache ist allerdings,
daß Friedrich auf die Treue eines Bundesgenossen nur dann
rechnete, wenn dessen Ziele ganz dieselben waren, wie seine
eigenen. Für Frankreich — denn die Bündnisse mit diesem
hat der Verfasser beständig im Auge — brauchte sich Friedrich
um so weniger aufzuopfern, da er stets von dieser Macht
äußerst wenig Beistand erhalten und selbst in seinen bedräng=
testen Lagen stets von dem bei seinen veränderlichen Launen
und kleinlichen Leidenschaften unberechenbaren Pariser Hof
sich verlassen gesehen hatte. Gerade aber die Art von Fried=
richs Verhältniß zu den mit ihm verbündeten Franzosen wird
von dem Verfasser der Matinées mit offenbarer Vorliebe,
freilich aber auch in einem Sinne behandelt, der ganz ver=
schieden ist von den hierauf bezüglichen Aeußerungen Friedrichs.
Derselbe sagt in einem Brief an Voltaire vom Juli 1742:
„Wir hatten ein Bündniß geschlossen, wie man einen Ehe=
vertrag schließt; ich hatte versprochen, Krieg zu führen, wie
der Ehemann sich verpflichtet, die Begierde seiner jungen Ge=
mahlin zu befriedigen; aber wie in der Ehe die Wünsche der
Frau oft die Kräfte des Gatten aufzehren, ebenso erschwert
im Krieg die Schwäche des Verbündeten das auf einem Ein=
zigen liegende Gewicht zu sehr und macht es ihm unerträglich."
Im Avantpropos zur Histoire de mon temps stellt er lange
Betrachtungen über den vorliegenden Gegenstand an und
kommt, indem er sich auf das Beispiel Franz I., der Eng=
länder unter Karl II., der Protestanten nach der Schlacht
bei Mühlberg beruft, zu dem Ergebniß, man dürfe einen

Vertrag brechen, 1) wenn der Verbündete seine Pflichten nicht erfülle, 2) wenn er auf Täuschung sinne, 3) wenn die Uebermacht allzu drückend werde, 4) wenn die Mittel nicht ausreichen zur Fortsetzung des Krieges. Im Gegensatz zu der Behauptung der Matinées, daß man über seine Nachbarn herfallen müsse, um sie der Angriffsmittel für immer zu berauben, stellt er im Abschnitt de la politique des Exposé du gouvernement prussien den Satz auf: „Einer der ersten Grundsätze der Politik ist, zu versuchen, sich mit demjenigen seiner Nachbarn zu verbinden, welcher dem Staat die gefährlichsten Schläge versetzen kann." Was noch im Einzelnen Friedrichs Verhältnisse zu den Franzosen betrifft, so verräth der hierher gehörige Abschnitt in der fünften Morgenstunde eine vollständige Unkenntniß der Sachlage, oder, wie wir vielleicht besser sagen, der Verfasser der Matinées steht hier auf dem ganz einseitigen französischen Parteistandpunkt. Friedrich war schon in Schlesien eingerückt, ehe die Franzosen den „edlen Plan" offenbaren konnten, sich Wiens zu bemächtigen; und er selbst war es, der, um die Sache zum raschen Austrag zu bringen, einen unverzüglichen Angriff auf Wien gewünscht hätte. Friedrich wußte damals so gut, als später auch Karl Albert, warum die Franzosen nicht darauf eingingen. Sie wollten den Kurfürsten zu einem von ihnen abhängigen Kaiser machen, nicht ihn an die Stelle Habsburgs treten lassen. Der französische Bevollmächtigte, Marquis von Beauveau, verrieth dieß nach der Depesche Valori's vom 8. Januar 1745 in der Unterredung mit General Schmettau durch die bezeichnenden Worte: „Aber wenn wir Wien genommen haben werden, so wird dieser Mensch (der Kurfürst) unser nicht mehr bedürfen, und das ist nicht unsere Rechnung." Und Karl Albert sagte später: „Die Franzosen wollten es mit keiner Partei verderben; indem sie nicht wollten, daß ich mich Wiens bemächtige, haben sie ihre Gründe gehabt, um den Einen durch den Andern zu Grunde zu richten und den Löwenantheil davon zu tragen." Friedrich selbst äußert sich klar genug (Apologie de ma conduite politique): „Die Franzosen waren außerordentlich verletzt durch diesen Vertrag, obgleich sie keinen Grund dazu hatten; sie hatten sich in den Kopf gesetzt, ich werde der Don Quichotte aller ihrer Händel sein, und sie könnten mich Krieg und Frieden machen lassen, wie sie es für passend hielten. Ich meinestheils habe geglaubt und glaube es noch, daß ein selbstständiger Fürst das Recht hat, Verträge zu schließen, mit wem es ihm gefällt, und daß es nur den zinspflichtigen oder in Sold stehenden Mächten zukommt, die Befehle ihrer Herrn, oder derer, die sie bezahlen, zu befolgen."

Der ganze, so lange Abschnitt über „die besondere Politik", welcher nunmehr folgt, gründet sich auf den gegen den Schluß ausgesprochenen Satz, daß der Mensch immer seinen Leidenschaften sich hingebe, daß die Selbstliebe seinen ganzen Ruhm ausmache, und daß alle Tugend nur auf den Vortheil und Ehrgeiz sich stütze. Nachdem dieß Friedrich in den Mund gelegt ist, ihm, der alle, auch die edelsten Neigungen stets der Sorge für das Allgemeine unterordnete, der seine erhabene Stellung wesentlich als einen Dienst auffaßte, in diesem Dienste eine beispiellose Thätigkeit zeigte, der wie kein anderer Fürst mit allem Denken und Handeln, ja mit seinem ganzen Leben in dem aufging, was er als seine Sendung betrachtete, folgt die Ermahnung an den jungen Thronfolger, Verbrechen zu begehen, um für einen Helden gehalten zu werden, sich mit Kunst zu verstellen, um für weise zu gelten. Allein Friedrich hatte schon früh, wie sein Antimachiavel beweist, die einzig richtige Ansicht, „es sei unmöglich für einen Herrscher, sich auf die Dauer zu verstellen; man beurtheile die Menschen nicht nach ihren Worten, sondern man vergleiche ihre Handlungen mit einander, und dann ihre Handlungen mit ihren Reden." In dem Dialogue de moral à l'usage de la jeune Noblesse sagt er: „Ich will verdienen, daß man mich kenne; ich will tugendhaft sein; ich will meinem Vaterland dienen und ich will meinen kleinen Winkel in dem Tempel des Ruhms einnehmen." In derselben Schrift führt er aus, daß man am besten durch stete Ausübung der Tugend zur Zufriedenheit und zu einer angenehmen äußern Lage komme. Aehnlich ist sein Gedankengang in dem Essai sur l'amour propre envisagé comme principe de moral: „Die Selbstliebe, welche bei Allen die Haupttriebfeder ist, kann nicht besser, als durch Beobachtung der Tugend unter allen Umständen befriedigt werden; rechtschaffen, gerecht, fleißig, uneigennützig, theilnehmend und wohlwollend handeln, führt auch am sichersten zu allgemeiner Achtung, zum Wohlwollen aller andern Menschen gegen uns, zur Erwartung jedes Beistandes von ihnen, zu Reichthum und Vergnügen, besonders aber zu der Gemüthsheiterkeit und innern Selbstzufriedenheit, in welchen das Wesen der von allen gewünschten Glückseligkeit besteht." Aehnliche Anschauungen und Ueberzeugungen sind ausgesprochen in dem Briefwechsel Friedrichs und d'Alemberts, dem schönsten Denkmale, das diese zwei edlen Geister sich selbst gesetzt haben. Beide stimmen darin überein, daß das menschliche Denken nach allen Seiten unübersteigliche Schranken finde, daß man das Unvermeidliche Böse ertragen, des mit dem Bösen spärlich gemischten Guten sich wahrhaft erfreuen, die Leidenschaften unterdrücken und namentlich durch gemeinnützige Thätigkeit dem kurzen Dasein Werth verleihen müsse. Während wir aber d'Alembert mit der Zeit mehr und mehr in Schwermuth versinken sehen, erhält sich Friedrich die Gemüthsheiterkeit durch rastlose Thätigkeit und durch den Anblick seiner Erfolge.

Allein nicht bloß dem großen Ganzen gegenüber, auch in den kleinern Verhältnissen der persönlichen Freundschaft und Liebe zeigt uns Friedrich die schönsten und ächtesten menschlichen Tugenden. Rührend ist seine Anhänglichkeit und seine durch viele Wohlthaten bewährte Dankbarkeit gegen seine frühern Erzieher und Erzieherinnen und sein Wohlwollen sogar gegen deren Freunde und Verwandte. Wohl selten hat ein Herrscher so innige Freundschaft gehalten, wie Friedrich mit seinen vertrauteren Freunden, gewiß hat ihn Niemand an Zartgefühl, Dienstfertigkeit und einer ebenso die größten Opfer wie die unbedeutendsten Bedürfnisse des Lebens umfassenden Fürsorge im Verkehr mit den Freunden übertroffen. (Im Briefwechsel mit De la Motte Fouqué, den er selbst mit seinem medizinischen Rath und mit Geschenken aller Art reichlich bedenkt, mit Geld, Gemüsen, Porzellan, Gläsern, türkischem Caffee, Balsam, den er aus Konstantinopel kommen läßt, mit der letzten Flasche Ungarwein, die sein Großvater hinterlassen hatte, erfreut, schreibt er einmal im Jahre 1759: „Ich habe mit Ihnen und einer Zahl von Freunden Alles getheilt, was zu meiner Verfügung stand; so kann ich mich mehr mit dem armen Irus, als dem reichen Krösus vergleichen.") Mit edlen und aufgeklärten Frauen seiner Zeit stand er in innigem Geistesverkehr, wie nur wenige der reinsten und erhabensten Geister unseres Volkes einen solchen mit Frauen unterhalten haben. Sein zunächst nur zu literarischen Zwecken begonnener Briefwechsel mit den bedeutendsten Männern seiner Zeit gestaltete sich mehr und mehr zu einem Freundschaftsverhältniß, welches ihn ebenso beglückte, als es jene ehrte. Gibt es ferner ein schöneres geschwisterliches Verhältniß, als zwischen Friedrich und seiner Schwester von Baireuth und Prinz Heinrich bestand, das erstere gegründet auf die tiefste Seelenverwandtschaft, und mit einer Art von Leidenschaft vermischt und unterhalten bis zum Tod der Markgräfin, das zweite beruhend auf der Gemeinsamkeit der höchsten Ziele und gehoben durch eine stets wachsende, wechselseitige, gerechte Anerkennung und Bewunderung." Als freilich die Zahl seiner Lieben vor der Zeit zusammenschmolz und seine Wege immer einsamer wurden, da wandte er die ganze Kraft seines Gemüthes und Geistes immer ausschließlicher den allgemeinen und großen Staatszwecken zu. Allein er hat uns mehr als ein Denkmal hinterlassen, welches davon zeugt, wie die Liebe zu seinen Freunden auch noch weit über das Grab derselben hinaus währte.

Wenn ihm schon früh, in seinem Antimachiavel, das Ideal eines für sein Volk unablässig thätigen Herrschers vorschwebt, wenn er demselben bis in sein Greisenalter treu geblieben ist, wie wir aus dem 40 Jahre später verfaßten Essai sur les formes de gouvernement et sur les devoirs des souverains sehen, so hat er auch — darüber hat die Geschichte ihr Urtheil festgestellt — dieses Ideal in der Wirklichkeit erreicht, so weit es für einen Menschen nach Maßgabe menschlicher Kräfte und Verhältnisse erreichbar ist. Wer wollte ihn tadeln, wenn ihn dabei außer dem edelsten Triebe der Menschenliebe auch das Streben nach Ruhm geleitet hat? Er schreibt allerdings einmal, 1744, an Jordan: „Der Ruhm ist eine so tolle Leidenschaft, daß ich nicht begreife, wie er nicht aller Welt den Kopf verdreht," aber in der Éloge auf den Baron Jean George Wenceslas de Knobelsdorff sagt er: „Der Charakter des Genie ist, daß es diejenigen, welche damit begabt sind, mit Macht dazu treibt, sich der unwiderstehlichen Neigung ihrer Natur hinzugeben, welche sie darüber belehrt, wozu sie tüchtig sind," und in einem Brief an seine Schwester von Baireuth vom Juli 1757: „Ich habe geglaubt, daß, da ich einmal König bin, es mir zukäme, als Herrscher zu denken, und ich habe mir zum Grundsatze gemacht, daß der Ruf eines Fürsten ihm theurer sein müsse, als das Leben." Wir haben oben schon bei Besprechung des Anfangs der zweiten Morgenstunde gesehen, daß er weit davon ihren Spuren und Winkelzügen nachzugehen und zu zeigen, daß dieselbe, so schlau sie sich verstellt, am Ende doch immer wieder durch lächerliche Uebertreibung sich selbst die Spitze abbricht.

In erster Reihe wird hervorgehoben und dem künftigen Beherrscher Preußens erzählt, daß **Friedrich ein heimlicher Fresser und Säufer** sei, nur vor seinen Soldaten Kommißbrod esse, selbst seine Mahlzeiten anordne, geringe Schüsseln auf seinem Tisch habe, ferner (der Verfasser kommt immer wieder auf das Essen und Trinken zurück) gerne Wein (nach der Reutlinger Ausgabe besonders Malaga und Champagner), Caffee, Liqueur und Bier trinke, öffentlich von seinem deutschen, heimlich von seinem französischen Koch sich bedienen lasse, der bei seiner Feinschmeckerei einen schweren Stand bei ihm habe, und daß er schließlich, wenn er betrunken sei, im Bette seine Zuflucht finde.

Die Wahrheit diesem Unsinn gegenüber ist, daß Friedrich, wenn er Zeit hatte und sein Befinden es erlaubte — er litt schon früh an Magenbeschwerden — gern an einem Glas ungarischen oder französischen Weins, obwohl er niemals ein Trinker war, und an einem gut bereiteten Essen, das übrigens nicht zu viel kosten durfte, sich erfreute, daß er mit natürlicher Unbefangenheit seine Vorliebe für gewisse Speisen bekannte, daß er aber ebenso, wenn die Umstände es mit sich brachten, sich an sehr wenig genügen ließ. Im Oktober 1732, wo er wohl noch sagen mochte, „man hat Fleisch und ich leugne nicht, daß es manchmal schwach sei," oder „ich glaube, daß man wohl daran thut, sich das Leben süß zu machen, so lange man es kann," schließt er einmal einen Brief an Grumbkow mit den Worten: „200 Austern aus England und eine Flasche Champagner warten auf mich." Im Juli 1754 schreibt er dem Geheimen Kämmerer Fredersdorf: „Ich kann recht gut essen und die Köche können dieselbigen Essen machen; nur müssen sie nicht die Hälfte von denen Ingredienzien stehlen, sonsten gehen alle Tage eilf Thaler mehr drauf. Ich versichere dir, daß unser Fraß nicht kostbar, aber nur delikat ist." Im Juni 1764 verspricht er de la Motte Fouqué, der ihm öfters Trüffeln schickte, die Friedrich besonders liebte, einen Besuch und sagt ihm: „Ich brauche nur wenig, mich zu nähren, ich verlange von Ihnen Nichts, als eine gute Suppe und eine Schüssel Spinat." Denselben Sinn für Einfachheit setzt er auch bei Andern voraus; so richtet er in französischen Versen an Prinzessin Amelie die Worte; „Der Wirth, mit Ihnen allein beschäftigt, weiß, daß Ihr weiser und verständiger Geist von einer großen Zurüstung nur sehr wenig sich überraschen ließe." Daß er kein Trinker war, sehen wir aus einer beiläufigen Bemerkung in einem Brief an eben dieselbe vom September 1757: „Oft möchte ich mich betrinken, um den Kummer zu ertränken, aber da ich nicht zu trinken verstehe, so zerstreut mich Nichts, als das Versmachen." Uebrigens werden dem neunzehnjährigen Neffen Friedrichs Dinge zu glauben zugemuthet, von deren Unrichtigkeit er sich durch einen Gang aus seiner Wohnung in die Küche überzeugen konnte. Dort nehmlich konnte er sehen, wie alle königlichen Köche unter der Leitung von zwei Hausmeistern standen, die selber Köche und zwar französische Köche waren. Sie hießen Joyard, der aus Lyon, und Noël, der aus Perigueux war. Namentlich die Verdienste des Letztern wußte Friedrich sehr wohl zu würdigen und er that dieß auch ohne allen Rückhalt, und sein Name begegnet uns in einer Menge von Briefen. So sagt Friedrich in einem Schreiben an d'Argens vom September 1761: „Wenn man Noël hat und den Marquis, so kann man die Begierden des Körpers und Geistes befriedigen, und den einen wie den andern nähren," und im Oktober 1759: „Bringen Sie Noël mit, vielleicht kann er mir meine Kräfte wieder geben." Ja die Tugenden dieses französischen Kochs begeisterten den König sogar zu einem Lobgedicht, gewidmet An Sieur Noël, Maitre d'hotel, das wir wegen der vielen französischen Kunstausdrücke unübersetzt lassen:

> Des cuisiniers vous êtes le héros —
> Une de filets, par vous imaginés!
> Que de pâtés par vos mains façonnés!
> Une de hachis, de farces délectables,
> Dont nos palais, souvent trop mechantés,
> Sont mollement chatouillés et flattés! —
> Vous inventez et savez composer
> Ce que jamais aucun de vos semblables
> Ne produisit pour s'immortaliser. —
> User de tout, c'est le conseil du sage;
> Savoir jouir sans abuser de rien,
> Souffrir le mal, s'il vient, avec courage,
> Et bien goûter l'avantage du bien.

Wie in Beziehung auf die oben berührten körperlichen Genüsse soll Friedrich nach den Matinées auch in Beziehung auf die Liebe Enthaltsamkeit nur geheuchelt haben. (Auch hier widerspricht sich, beiläufig bemerkt, der Verfasser in sehr auffälliger Weise. Einerseits heißt es nehmlich, der Neffe solle nicht so eitel sein, der Liebe trotzen zu wollen — als ob es einer solchen Meinung bei ihm, der ja gerade Friedrich durch seinen Lebenswandel großen Kummer verursachte, bedurft hätte! — andererseits und zwar einige Zeilen später warnt er ihn vor den Folgen eines leichtsinnigen Lebens!) Friedrich gab sich aber auch hierin, wie sonst, ganz unbefangen, so daß wir in der Lage sind, wenn wir wollten, die einzelnen Fälle aufzuzählen, in welchen er seiner Natur folgte. Dieselben fallen namentlich in die Zeit, als er den Thron noch nicht bestiegen hatte, und hören mehr und mehr auf gegen das Jahr 1754, aus welchem wir noch einen Brief an den Kämmerer Fredersdorf haben, in dem er schreibt:

„Petit kann den Menschen schicken; und kann er eine hübsche Hure mitbringen, so ist es auch gut; denn die fehlet uns auch." Der Trieb zu geschlechtlichen Vergnügungen scheint von Anfang an bei Friedrich nicht sehr stark gewesen zu sein. Sein Bruder August Wilhelm sagt in einer eigenhändigen Aufzeichnung: „Nie hat er Neigung für das weibliche Geschlecht gehabt und noch weniger für die Ehe." Während er selbst an Catt im November 1762 noch schreibt: „Ich habe Nichts mehr mit der Liebe zu schaffen; allein wenn das Glück mir ein wenig helfen wollte, so wäre ich darüber nicht böse," heißt es im Épitre à ma soeur de Brunswic vom Februar 1765, daß er ganz auf die Vergnügungen der Liebe verzichtet habe. Die erbitterten Feinde Friedrichs erklärten seine Enthaltsamkeit sogar durch unnatürliche Laster; der Verfasser der Matinées begnügt sich wenigstens mit der Verleumdung, daß Friedrich heimlich in der Liebe ausgeschweift habe. Wir können und müssen uns die Sache auf die einfachste Weise so auseinander legen: Die unerhörten Anstrengungen seiner Kriege hatten Friedrichs Kräfte bei seiner ohnedieß etwas schwächlichen Leibesbeschaffenheit fast aufgerieben; er war vor der Zeit alt geworden und dann auch durch furchtbare Schicksale, die über ihn hereingebrochen waren, für Manches abgestumpft. Zudem sah er mit seinem nüchternen Verstande ein, daß eine solche Thätigkeit, wie er sie für seine Pflicht hielt, sich nicht vereinigen lasse mit einem Kulte der Weiberliebe. (Seine Grundsätze finden wir unter Anderem niedergelegt in dem Essai sur les formes de gouvernement et sur les devoirs des souverains: „Ein Fürst, der sich den Frauen hingibt, wird sich von seinen Beischläferinnen und seinen Günstlingen leiten lassen.") Es begannen nach seiner Kriegslaufbahn jene für alle Zeiten staunenswerthen Friedensarbeiten, bei denen ihm für andere Dinge nicht einmal Zeit, geschweige denn Sinn und Neigung bleiben

konnte. Wenn er je sich eine Erholung gönnte, so suchte er
sie in feinern Genüssen. Wir können hier zugleich auch die
Lüge der Matinées, daß Friedrich aus Politik stets Er=
müdung geheuchelt habe, in's Auge fassen. Ueber sein
frühes Altern und seine körperliche Schwächlichkeit haben wir
Zeugnisse in seinen Briefen an die Markgräfin von Baireuth
aus dem Jahre 1746. Im Juli klagt er: „Die Gicht hat
mir eine Geschwulst an den Beinen hinterlassen, die mir viel
Unlust macht; wenn das Alter heranrückt, darf man nicht
erstaunen über die Schwächen, die in seinem Gefolge sind."
Im August benachrichtigte er dieselbe: „Ich bin krank aus
Schlesien zurückgekommen, indem ich sehr schmerzhafte Hä=
morrhoiden bekommen habe." Im April des Jahres 1748
beklagt er sich über Kolik und Fieber und im Januar 1749
schreibt er: „Meine grauen Haare zeigen mir an, daß ich
Abschied nehmen muß von der Narrheit, von den Täuschungen
und Vergnügungen." Als Voltaire mit Maupertuis einmal
eben dazu kam, wie Friedrich sich kämmen ließ, und dieser
die Beiden auf sein Grauwerden aufmerksam machte, gab
dieß Voltaire Veranlassung zu folgendem hübschem Stegreif=
gedicht, das im Deutschen etwa so lautet:

> Freund, siehst du dieses weiße Haar
> Auf einem Haupt, verehrt von mir?
> Es gleicht des Mannes Geist fürwahr:
> Sie kamen eh' es Zeit noch war
> Und wachsen beide für und für.

Im Jahr 1754 schreibt Friedrich an Fredersdorf: „Das
Baden habe ich angefangen; man muß sehen, ob es möglich
ist, eine alte Canaille jung zu machen;" im Mai 1759 an
d'Argens: „Mein Körper ist verbraucht; mein Geist erlischt
und meine Kräfte verlassen mich," einige Zeit später: „Ich
bin alt, traurig und grämlich. Sie würden (dieß schreibt
auch an Herrn von Camas) einen Greis sehen mit grauen

Haaren, der Hälfte seiner Zähne beraubt, ohne Heiterkeit, ohne Feuer; bald darauf: „Sie können begreifen, wenn Sie diese verschiedenen Unglücksfälle, Mißgeschicke, Krankheiten, Verluste von Freunden, Unfähigkeit zu handeln, wenn dieß nöthig wäre, zusammennehmen, daß dieß nicht erfreulich ist," und nach dem Unglück des General Fink sagt er: „Ich bin so zugerichtet durch die Unglücksfälle und Mißgeschicke, die mich treffen, daß ich es von Tag zu Tag überdrüssiger werde, einen verbrauchten und zu Leiden verurtheilten Körper zu bewohnen." An Prinz Heinrich schreibt er ungefähr zur selben Zeit: „du wirst nur ein Gerippe ankommen sehen, erfüllt von gutem Willen," „meine Seele wird meinen ungesunden und schwachen Körper gehen machen." Sogar diese Zuversicht ging ihm manchmal verloren und es ist bekannt, daß er sich in jener Zeit mit Selbstmordgedanken trug. Auch im nächsten Jahr war sein körperliches Befinden nicht viel besser; er schreibt im Februar an Voltaire: „Wenn Sie mich sähen, Sie würden mich kaum wieder erkennen. Ich bin alt, kraftlos, grau, runzelig. Ich verliere die Zähne und die Heiterkeit. Wenn dieß anhält, so wird für mich selbst Nichts übrig bleiben, als die Sucht, Verse zu machen, und eine unerschütterliche Anhänglichkeit an meine Pflichten und an die wenigen tugendhaften Menschen, die ich kenne. Meine Laufbahn ist schwierig, besät mit Dornen und Stacheln." An seinen Bruder Heinrich schreibt er im August: „Was ich durch die große Nervenschwäche, durch die rheumatischen Schmerzen gelitten habe, ist unfaßbar; ich habe hernach täglich Fieber gehabt und in diesen letzten Tagen mich mit Mühe fortgeschleppt." An d'Argens schreibt er einen Monat darauf: „Meine Heiterkeit und mein Humor sind begraben mit den theuern und achtungswerthen Personen, an die mein Herz sich angeschlossen hatte;" an Mylord Marischal im April 1762: „Ich seufze sehr nach dem Frieden, mein theurer Mylord; hin und her geworfen vom Schicksal, alt und hinfällig, wie ich es bin, kann ich nur noch meinen Garten bebauen." Manchmal konnte er wohl über seinen Zustand scherzen, wie er z. B. thut in einem Brief an Prinz Heinrich vom Mai 1763: „Die Gicht ist ein Erbtheil unserer Väter, das wir wie einen Theil ihrer Nachfolge ansehen müssen." Ritter von Chasot empfiehlt ihm den 6. April 1765 einen Zahnarzt; auf dem bezüglichen Schreiben ist von der Hand eines Kabinetsrathes bemerkt: „Zu spät, die Zähne fort." In diesem Jahre hatte Friedrich mehr als jemals von Gicht und Hämorrhoiden zu leiden, und die Klagen über diese Krankheiten dauern auch in den folgenden Jahren fort. In einem Brief an Voltaire vom Juli 1767 heißt es: „Mein Magen, der fast nicht mehr verdaut, hat mich gezwungen, auf die Soupers zu verzichten. Ich lese des Abends oder pflege Gespräche. Meine Haare sind weiß, meine Zähne gehen fort, meine Beine sind durch die Gicht zu Grunde gerichtet. — Rechnen Sie dazu, daß ich seit dem Frieden mit Geschäften überladen war, so zwar, daß mir im Kopf Nichts übrig bleibt, als ein Bischen gesunder Menschenverstand mit einer wieder erwachenden Leidenschaft für die Wissenschaften und die schönen Künste; sie sind es, die meinen Trost und meine Freude ausmachen." Außer in diesen fand er aber hauptsächlich seinen Trost in der Schnellkraft des eigenen Geistes und in der unermüdlichen Sorge für das Wohl seiner Unterthanen. Sehr schön sind seine Worte in einem Brief an Darget vom Januar 1768: „Es gibt eine Art, glücklich zu sein; man muß sich eine ideale Jugend schaffen, von seinem Körper absehen und sich eine Heiterkeit des Geistes bewahren bis zum Ende des Stücks." Schon aus dem Jahre 1736 haben wir Zeugnisse davon, wie früh er nützlichen und würdigen Dingen zugewandt war und in denselben seine wahre Befriedigung fand, in zwei Briefen an Herrn von Suhm. Im einen heißt es: „Die ernsten Beschäftigungen haben

immer das Vorrecht vor den andern und ich wage Ihnen zu
sagen, daß wir nur einen vernünftigen Gebrauch von den
Vergnügungen machen, indem wir uns ihnen nur hingeben,
um den Geist zu erfrischen und um den Ernst und die zu
große Würde der Philosophie zu mäßigen, welche sich nicht
leicht die Stirne durch die Grazien entrunzeln läßt"; im
andern schreibt er: „Die Ruhe, die Stille und das Studium
der Wahrheit, sind sie nicht weit vorzuziehen den lärmenden
und leichtfertigen Vergnügungen dieser Welt?" In dem
Jahre vor seiner Thronbesteigung schreibt er dem Grafen von
Schaumburg-Lippe: „Wenn die guten Absichten, wenn die
Liebe zur Menschheit, wenn die angestrengte Arbeit eines
Einsiedlers der Gesellschaft nützlich sein können, so wage
ich mir zu schmeicheln, daß ich in derselben nicht als
ein müßiges und unnützes Mitglied angesehen werde." Die
Ansprüche, die er hierin an sich selber machte, muthete er
auch Andern zu, insbesondere seinen Brüdern. So tadelt er
im Dezember 1740 mit scharfen Worten Prinz Heinrich
„Mit Kummer habe ich vernommen, daß du beginnst, nach=
lässig zu werden, indem du die Unterhaltungen den Studien
vorziehst. Wenn du mir gefallen willst, so wirst du mit mehr
Ausdauer dich der Beschäftigung mit den schönen Wissen=
schaften hingeben, was dir unendlich mehr nützlich sein wird,
als alles Uebrige. — Wenn du etwas werden willst in der
Welt, so wisse das Nützliche vom Angenehmen, das Ernste
vom Leichtfertigen zu unterscheiden; und das Vergnügen soll
dich nie abhalten, dich den Dingen zu widmen, die tausend=
mal wesentlicher sind, als Tändeleien." Im selben Sinn
spricht er sich in einem Brief an Prinz Wilhelm vom Februar
1750 aus: „Das Vergnügen darf nie die Angelegenheiten
der Pflicht verwirren; diese müssen die ersten sein," und im
April desselben Jahrs: „Wenn meine Brüder den Andern
ein gutes Beispiel geben, so wird mir das die lebhafteste

Freude von der Welt machen, und wenn dieß nicht der Fall ist, so vergesse ich in demselben Augenblick jede Verwandtschaft, um meine Pflicht zu thun, welche darin besteht, Alles in Ordnung zu halten, so lange ich lebe." Die Arbeit und die unausgesetzte Thätigkeit für Andere, für Freunde, für Verwandte, für sein Heer und seinen Staat sah Friedrich nicht als eine Last an, sondern sie diente ihm nicht selten dazu, seine Seele über das viele Unglück, das ihn traf, zu erheben. So schreibt er in der trüben Stimmung nach dem Tod des Prinzen von Anhalt und Rotemburgs an die Markgräfin von Baireuth: „Ich arbeite viel, um mich zu zerstreuen, und ich finde, daß die Arbeit das ist, was mich am meisten tröstet," und vierzehn Tage nachher: „Ich studiere viel und das gibt mir in der That Trost." An Marquis d'Argens schreibt er im Dezember 1757: „Ich werde mit Ihnen die Stunden meiner Muße zum Studieren verwenden; dieß ist, ohne Widerrede, der beste Gebrauch, welchen man von der Zeit machen kann." In dem schönen Brief an Prinz Heinrich vom 14. Oktober 1772 heißt es: „Die Beschäftigung ist die Seele des Lebens; ich habe es immer so angesehen und ich weiß nicht, ob ich mich täusche; aber ich glaube, daß Sie Vergnügen haben müssen, die Finanzen zu ordnen, Wohlthaten zu verbreiten, Menschen glücklich zu machen durch die Stellen, welche Sie Ihnen zu geben haben, das Gleichgewicht in der Politik aufrecht zu erhalten, Militär-Corps zu schaffen und diese beständige Bewegung im Staate zu erhalten." Friedrich fühlte sich überdieß für alle Anstrengungen und Leiden reichlich belohnt, wenn er Aussicht auf glücklichen Erfolg hatte, wie er im Dezember 1757 an Prinz Heinrich schrieb: „Ich ertrage heiter sowohl Krankheiten, als Anstrengungen, da, Dank dem Himmel! die Geschäfte gut gehen." Mit dem Gefühle der Befriedigung und des gerechten Stolzes sah er die schönen Erfolge, die er errang, und die ihn nur zu erneuter Ausdauer und Thätigkeit anspornten. „Ich gestehe Ihnen," schreibt er im April 1764 an De la Motte Fouqué, „daß ich Vergnügen empfinde, dieses Heer sich von Neuem bilden zu sehen, das ich einst als ein so gutes gekannt habe, und das wie ein Phönix aus seiner Asche neu ersteht." Nachdem er in einem Brief an Prinz Heinrich vom September 1775 gesprochen von den Geldern, die er den durch Feuersbrünste Beschädigten ausbezahlt, von dem Staude des Heeres, den Festungen, von der Wiederaufbauung von 54 Dörfern in einem Jahr, von seiner Absicht, 63 weitere zu bauen, von der Hebung des Handels, besonders in Leinwand und Wolle, von der ungemeinen Zunahme der Bevölkerung seit 1740, schließt er mit den Worten, denen Jeder beipflichten muß: „du wirst hieraus zum Mindesten sehen, daß ich nicht mit gekreuzten Armen stehen geblieben bin, und daß ich gethan habe, was von mir abhing, um die Länder blühend zu machen." Daß eine solche ungemeine Thätigkeit nur möglich war bei der sorgfältigsten Ausnützung der Zeit, bei der einfachsten Lebensweise und durch Verzicht auf viele Genüsse, die sich ein gewöhnlicher Mensch wohl vergönnen mag, läßt sich ebenso begreifen, wie, daß solche Anstrengungen Friedrich oft auch krank, mißmuthig und muthlos machen mußten. Wir wissen genau, wie Friedrich seinen Tag eintheilte und, daß er als König so einfach lebte, daß seine Hofleute ihn als Abt und sich als die Klosterbrüder bezeichnen konnten. Voltaire schreibt im Juni 1740 an Friedrich, der Gesandte, Herr von Camas, habe ihm mitgetheilt, der König widme drei Viertel des Tags seinem Beruf, den Abend der Freundschaft; und Friedrich antwortet darauf: „Ich erhebe mich um 4 Uhr, trinke Wasser bis 8, schreibe bis 10 Uhr, besichtige die Truppen bis Mittag, schreibe bis 5 Uhr und Abends erhole ich mich in guter Gesellschaft." Welche Anstrengungen er sich aber außer dieser gewöhnlichen Tagesarbeit zumuthete, sehen wir aus einer Menge zuverlässiger Zeugnisse. Im Mai 1752 schreibt er an seine Schwester von Baireuth: „Diese Musterungen ermüden mich so sehr, daß ich, wie große Lust ich auch hätte, Dir zu schreiben, während dieser Zeit nicht die Kraft dazu hätte;" im Mai 1755 an dieselbe: „Wir sind gegenwärtig ganz belaben mit unsern militärischen Geschäften, die ich erledige, wie es ein armer Gichtgeplagter kann;" im November 1758 an Prinz Heinrich: „Es sind nun 5 Tage, daß ich nicht eine Stunde Ruhe gehabt habe. Ich bin so ermattet, daß ich tausendmal um Entschuldigung bitte, weil ich dir nicht mehr sage;" im August des folgenden Jahres an den Grafen Finkenstein: „Ich bin sehr ermüdet; es sind nun 6 Nächte, daß ich kein Auge geschlossen habe." Im April 1778 schreibt er seinem Bruder Heinrich: „Ich gestehe dir, daß ich ein wenig müde bin; vorgestern bin ich 8 Stunden zu Pferde gewesen, gestern 10, heute 6; ein Greis muß ein wenig Ruhe haben." Im Dezember 1779 schreibt d'Alembert an Friedrich: „Ich habe von Baron von Grimm gehört, daß Ew. Majestät, weil Sie nicht mit der rechten Hand schreiben konnten, sich damit geholfen haben, mit der linken zu schreiben, damit Ihre Geschäfte nicht darunter leiden." Daß, wie oben bemerkt ist, mitunter auch Klagen und Aeußerungen des Mißmuths über zu große Anstrengungen, über das Einerlei seiner Beschäftigung, über Anhäufung der Geschäfte vorkommen, wird man sehr natürlich finden. In solcher Stimmung schrieb er an Voltaire im August 1740: „Ein König ist tausendmal unglücklicher, als ein Privatmann; ich bin der Sklave der Phantasie von so vielen andern Mächten, daß ich, was meine Person betrifft, nie thun kann, was ich will." „Wir beginnen unsere Uebungen, was nicht sehr unterhaltend ist," oder: „Ich bin müde, wie ein Hund," „Ich bin hier, mich abzuquälen, wie die Seele eines Verdammten," solche Aeußerungen wiederholen sich im Briefwechsel mit seiner Schwester von Baireuth und mit Prinz Wilhelm: „Ich habe Geschäfte bis über die Ohren," seufzt er in Briefen an seinen Bruder Heinrich, dem er auch einmal im Dezember 1757 klagt: „Ich habe nur Kummer und Aengsten gehabt seit 8 Monaten und durch diese fortwährende Unruhe und Aufregung nützt sich die Maschine ab;" „Der Tod ist süß im Vergleich mit einem solchen Leben," schreibt er an seine Freunde im Herbst 1759. Im August 1755 schreibt er an Prinz Heinrich: „Ich bin so überreichlich auf diesen Rundreisen mit Geschäften beladen, daß mir kaum ein Augenblick übrig bleibt, um ein Stück zu essen." Die Ermüdung durch die Rundreisen, die einen ebenso wesentlichen, als mühevollen Theil seiner Regierungsgeschäfte bildeten, war freilich nach den Matinées nicht weniger geheuchelt, als die Beweggründe zu denselben. Diese sollen nehmlich nicht etwa die Sorge für seine Unterthanen, noch die Liebe zu denselben gewesen sein, sondern die Täuschung derselben durch Vorspiegelung von Liebe und Sorge und die Furcht, die einzelnen Statthalter möchten sich sonst unabhängig machen. Was das Erstere betrifft, so erwähnen wir kurz, daß wir Aufzeichnungen von Friedrich haben, die er auf einer solchen Reise in Schlesien machte, aus denen Folgendes hervorgeht: In Schweidnitz und Neiße ist er besorgt für Beschaffung von Ziegeldächern, in Schmiedeberg für Hebung der Kaufmannschaft, in Pleß für Erbauung einer neuen protestantischen Kirche, in Striegau für Manufaktur, in Gleiwitz für Anlegung einer Fabrik von Halbbaumwolle und Halbleinen u. s. w. Die Furcht vor Auflehnung der Statthalter ist lächerlich und paßt gewiß am wenigsten auf die preußischen Verhältnisse und namentlich auf den von Friedrich Wilhelm herangezogenen und von Friedrich II. beaufsichtigten Beamtenstand. Statthalter, gouverneurs, gab es ohnedieß in preußischen Ländern nicht,

außer dem einen in Neuenburg, als der uns Lord Mari=
schal schon mehrmals begegnet ist, und es hat sich offenbar
hier eine ausländische Anschauung eingedrängt. Der Zweck
der Rundreisen war ein höchst mannichfaltiger, haupt=
sächlich ein militärischer. Auch dem Prinzen Wilhelm em=
pfiehlt Friedrich im Mai 1753, auf solchen Rundreisen
die Offiziere und Regimenter in den Provinzen kennen zu
lernen. Dann sollten, wie Friedrich an Voltaire im August
1775 schreibt, allerdings die Richter dadurch beaufsich=
tigt, d. h. zu angestrengtem Fleiß ermuntert und von
allzu strengen und harten Maßregeln abgehalten werden.
Im Uebrigen waren diese Reisen eine unumgängliche Noth=
wendigkeit in einem Lande, wo nach Friedrichs Ausspruch
der König Alles thun, Alles mit eigenen Augen sehen mußte.
Richtig ist, was die Matinées angeben über die Art der
Ausführung dieser Reisen, daß nehmlich der König nur ein
kleines, jedenfalls kein prunkendes, Gefolge mit sich nahm.
Nur das Kabinet begleitete denselben, weil während der Reisen
die gewöhnlichen Geschäfte nicht unterbrochen werden durften.
Ebenso ist die Angabe der Matinées richtig, daß man Tag
und Nacht reiste. Der König fing schon im Februar zur
Vorbereitung auf diese Reisen an, früher aufzustehen und zur
Zeit der Reisen selbst begann er seine Arbeitszeit schon um
2 Uhr Morgens. Unrichtig aber ist die fernere Bemerkung,
der König habe sich eines so trefflich gebauten Wagens be=
dient, daß er die Beschwerden der Reise nicht gespürt habe.
Abgesehen davon, daß der König einen großen Theil des
Weges zu Pferde zurückzulegen pflegte, hatte er, was na=
mentlich bei der damaligen Beschaffenheit der Wege sich von
selbst versteht, zu klagen über das heftige Stoßen seines Wa=
gens und er schreibt einmal im September 1775 an Voltaire,
daß ihn dafür nur das Auswendiglernen der schönsten Stellen
aus Mérope und Mahomet entschädigt habe. Richtig ist die

weitere Angabe, daß er Hoch und Gering auf seinen Reisen
Zutritt und Ansprache gegönnt habe; nur ist die Beschränkung
falsch, wonach die Priester ausgeschlossen gewesen wären.
Auf diesen Reisen fühlte sich der König auf der Höhe seines
Berufs als Vater seines Volkes, und bis in sein höchstes
Alter kam er dieser so beschwerlichen Regierungsaufgabe mit
der größten Aufopferung nach, wie er im August 1775 an
Voltaire schreibt: „Wenn ich die Provinzen durchreise, kommt
alle Welt zu mir; ich prüfe in eigener Person und durch
Andere alle ihre Klagen, und ich mache mich Leuten nützlich,
von deren Dasein ich Nichts wußte, ehe ich ihre Eingaben
empfing."

Bevor wir weiter gehen, müssen wir noch einen Blick
auf eine im Zusammenhang des Vorigen von dem Verfasser
der Matinées beiläufig gemachte Bemerkung werfen. Die
Ermahnung an den Neffen Friedrichs, in geschlechtlicher Be=
ziehung nicht auszuschweifen, wird dadurch begründet, daß
sein schlechtes Beispiel besonders die Offiziere anstecken und
so beim Heer eine Unordnung herbeiführen könnte, wie einst
im Regiment des Prinzen Heinrich. Dieser von
Friedrich bis zu seinem Tode zärtlich geliebte Prinz gab sei=
nem Bruder allerdings verschiedene Male Anlaß zu strengem
Tadel. Nachdem, wie wir schon früher gesehen haben, Fried=
rich im Jahre 1740 auf's Ernstlichste in ihn gedrungen war,
seinen Lebenswandel zu bessern, war eine Zeit herzlichen Ein=
verständnisses zwischen Beiden eingetreten, und Friedrich be=
richtet mit augenscheinlicher Befriedigung dem Grafen von
Rotemburg am 24. Oktober 1745: „Mein Bruder Heinrich
hat sich außerordentlich ausgezeichnet auf unserem Marsch am
16. und man beginnt im Heere seine Gaben kennen zu lernen,
von denen ich Ihnen so oft gesprochen habe." Allein dieß
änderte sich vom nächsten Jahre an, und namentlich die Geld=
verschwendung des Prinzen erregte Friedrichs Unmuth. Der=

selbe sieht sich veranlaßt, Heinrich mit harten Worten seinen
Mangel an Liebe zu ihm vorzuwerfen; im November 1753
noch erklärt er ihm: „Du wirst in das Armenhaus kommen,
mein theurer Bruder, wenn du fortfährst, dein Gut zu ver=
schlingen und Schulden zu machen." Im Juli 1749 war
das Ereigniß eingetreten, auf welches allein die Bemerkung
der Matinées sich beziehen kann. Damals schrieb nehmlich
der König an den Prinzen: „Ich habe für gut gefunden,
Ordnung in dein Regiment zu bringen, weil es verdarb. Ich
gestehe dir ohne Weiteres, daß ich mir vorgenommen habe,
dich nicht dir selbst zu überlassen, bevor ich nicht an dir einen
festen und zuverläßigen Charakter wahrnehme." Zum großen
Schmerz des Prinzen wurde damals auch wirklich die Drohung
ausgeführt und zwar wurde damit betraut der Oberst Gas=
pard Friedrich von Rohr. Allein schon lange vor der Zu=
sammenstellung der Matinées war das Verhältniß wieder das
alte zärtliche geworden und Friedrich ergriff jede Gelegenheit,
um die glänzendsten Zeugnisse über des Prinzen Tapferkeit,
Ausdauer und Begabung auszustellen. Schon am 11. Mai
1757 schreibt er an Prinzessin Amelie und an die Herzogin
Charlotte von Braunschweig: „Mein Bruder Heinrich hat
Wunder gethan;" nach Kolin am 18. Juni fügt er in einem
Briefe an Mylord Marischal denselben Worten noch Fol=
gendes bei: „Ich zittere für meine würdigen Brüder; sie
sind zu tapfer." An die Markgräfin von Baireuth schreibt
er am 17. September desselben Jahres: „Ich bin in der
Lage, mich sehr meines Bruders Heinrich zu rühmen; er hat
sich wie ein Engel benommen als Soldat und sehr gut als
Bruder gegen mich." In einem Brief an Heinrich selber
vom 16. Mai 1759 sagt er: „Ich kann nur meinen Beifall
deinen Erfolgen geben, welche errungen sind durch deine ein=
sichtsvolle Berechnung. — Europa wird lernen, in dir nicht
nur einen liebenswürdigen Prinzen, sondern auch noch einen

Mann zu finden, welcher den Krieg zu führen versteht und sich Achtung verschaffen muß. Fahre fort, mein Bruder, wie du begonnen; du wirst wahrhaftig die Achtung und Liebe nicht mehr steigern können, welche ich für dich habe;" in einem andern Brief vom 2. November desselben Jahres: „Ich wünsche dir Glück zu den Heldenthaten, die dich mit Ruhm bedecken. Ich werde zu dir fliegen auf den Flügeln der Liebe, des Vaterlandes und der Pflicht." Dieses innige Verhältniß blieb fortan ungestört und noch im Jahr 1772 versichert Friedrich den Prinzen (am 16. Oktober): „Ich werde nie den Dank vergessen, den der Staat, unser Haus und ich dir schuldig sind." So viel stellt sich nach allem diesem klar heraus, daß Friedrich im Jahr 1764 vor seinem Neffen nicht die schon verschollene Geschichte von 1749 wieder ausgekramt, und bei Lebzeiten Heinrichs denselben mit Schimpf vor seinem nächsten Verwandten bedeckt haben kann.

Wenn wir im Vorigen gesehen haben, daß der Verfasser der Matinées beflissen ist, bei solchen Dingen, auf die bekanntermaßen Friedrich nicht allzuviel hielt, auszuführen, daß seine Enthaltsamkeit nur Schein sei, so werden wir ihn im Folgenden das Verfahren beobachten sehen, bei andern Dingen, deren Friedrich sich gänzlich enthielt, seiner Enthaltsamkeit dadurch den Werth zu nehmen, daß er derselben gemeine Beweggründe unterstellt. — Auf die Jagd verzichtete Friedrich nach den Matinées aus Geiz. Um die vollständige Grundlosigkeit dieser Behauptung einzusehen, muß man wissen, wie derselbe schon als Knabe und Jüngling von Friedrich Wilhelm gepeinigt wurde, weil er dieses Vergnügen nicht liebte, und wie schwer es ihm wurde, seine Abneigung zu überwinden, um dadurch seinen Vater wieder zu versöhnen. Dieser schreibt ihm im August 1731: „Du hast in allen Stücken gegen mich einen Abscheu davon gezeiget, und wenn es auf' Jagden, Reisen und andere

Okkasionen angekommen, hast du allezeit gesucht dich zu schonen und lieber ein französisches Buch, des bons mots, oder ein Komödienbuch, oder das Flötenspiel gesuchet, als den Dienst der Fatiguen." Es waren allerdings der zarten Natur Friedrichs feinere Genüsse willkommener; allein wenn sein Vater hierin Recht hatte, so war freilich seine Meinung, Friedrich scheue überhaupt die „Fatiguen", um so unbegründeter. Wir sehen in allen den Jagdgeschichten, die Friedrich vom Jahre 1719 bis 1731; um seinen Vater zu befriedigen, auftischt, den Mangel an Neigung und auch an Anstelligkeit zur Jagd deutlich genug sich kund geben. Einige Beispiele mögen genügen: „Gestern, schreibt er am 7. Oktober 1719, habe ich einen Hasen mit meinen neuen Hunden gehetzt, welchen wir auf Papas Gesundheit verzehren werden;" ein Jahr darauf rühmt er sich, ein Huhn im Flug geschossen zu haben; am 1. September 1731 berichtet er: „Vergangenen Montag bin ich auf der Entenjagd beim Obersten Breech gewesen, habe aber oft gefehlet und Nichts geschossen. — Ich habe auch nachgehends nach einem Hirsch und einem Schmalthier geschossen; weilen mir aber die Büchse in der Hand ein paar Mal losgegangen, so habe nichts getroffen; jetzunder aber werde fleißig nach dem Ziel schießen, um wieder in Uebung zu kommen"; 14 Tage später: „habe wohl über 6 Rudel von 20—30 Hirschen und Thieren gesehen, es ist aber sehr schwer, ihnen anzukommen. — Sonsten habe mich die Woche zu unterschiedenen Malen zum Schießen mit der Flinte und Büchse exerciret." Friedrich hat schon als Kronprinz seine durchaus prosaische Ansicht über das Jagdvergnügen im Antimachiavel niedergelegt: „Die Jagd ist eine jener sinnlichen Vergnügungen, welche den Körper sehr in Bewegung setzen und dem Geiste Nichts sagen; das ist ein glühender Eifer, irgend ein Thier zu verfolgen, und eine grausame Befriedigung, es zu tödten; das ist eine Unterhaltung, die den Körper stark und rüstig macht, und welche den Geist brach und unbebaut läßt; Diejenigen, die aus der Jagd ein Geschäft machen, haben gewöhnlich ihr Hirn mit Nichts bevölkert, als mit Pferden, Hunden und jeder Art von Thieren. Es ist zu fürchten, daß sie gegen Menschen ebenso grausam werden, wie gegen die Thiere. Dann ist die Jagd unter allen Vergnügungen für einen Fürsten die unschicklichste. Die Vertilgung des Wildüberflusses sollen bezahlte Jäger übernehmen. Die Fürsten sollen nur Sorge tragen, sich zu unterrichten und gut zu regieren. Beim Spazierengehen kann man viel ruhiger über ernste Dinge nachdenken. Die Jagd sollen Fürsten nur selten und nur zur Erholung betreiben." Im Oktober 1738 spottet er in einem Brief an Camas: „Was die Jagd betrifft, so ist hier eine ganze Schaar, welche für mich jagt, und ich studiere für sie; Jeder findet dabei seine Rechnung und Niemand ist verhindert in seinen Zerstreuungen." Im November 1746 schreibt er seiner Schwester von Baireuth: „Mein Bruder geht auf die Jagd für die ganze Familie; ich unterhalte mich mit dem Studium, der Musik, der Baukunst, der Gärtnerei und allen Arten von angenehmen Beschäftigungen." Diese Abneigung gegen die Jagd bereitete seinem Vater großen Kummer, und derselbe schreibt kurz vor seinem Tode, im März 1740 einen rührenden Brief an Leopold von Anhalt Dessau: „Weil ich in dieser Welt ausgejaget habe und also die Parforce=Jagd ganz aufgeben will, um die unnützen Kosten einzuziehen, indem mein ältester Sohn auch kein Liebhaber der Jagd ist, noch werden wird." Diese düstere Weissagung des alten Nimrod sollte nur zu bald in Erfüllung gehen! Schon im Juni 1740 that Friedrich den seitherigen Jagd=belästigungen Einhalt; er zog 4 Reviere der Hühnerjagd ein, und gab Aecker, Wiesen und Hütungen zurück. Eine große Anzahl Hirsche und Keiler ließ er schießen, besonders auch, um den Preis des Fleisches, der mit dem der Früchte gestiegen war, wieder herabzubringen; und wenn er Jagden bestätigte, die sein Vater verliehen hatte, behielt er sich doch vor, das Wild schießen zu lassen, sobald es für den Landbau nachtheilig würde.

Auch das Spiel soll Friedrich trotz seiner großen Neigung dazu aus Geiz vermeiden, und zugleich aus dem Grunde, weil das Spiel ein Spiegel der Seele sei, in die er Andere nicht sehen lassen wolle. Was dieses Letztere betrifft, so ist richtig, daß er in Staatsgeschäften dem Geheimniß viel größern Werth beilegte, als ihm nach heutigen Begriffen zukommt, und daß er in den Mémoires pour servir à l'histoire de la maison de Brandebourg an Friedrich I. zu tadeln scheint, daß „die Seele desselben ist wie die Spiegel, welche alle sich darstellenden Gegenstände wiederstrahlen," daß er einem seiner Vorleser einmal sagte: „Ich verberge meine Absichten denen, die mich umgeben; nur durch das Geheimniß kann ich mich vor Schaden bewahren." Dieß Alles aber hatte nur Bezug auf politische Angelegenheiten, und nach den übereinstimmenden Angaben der Augenzeugen, z. B. Dohm's und des Vorlesers Dantal, drückten gewöhnlich die Züge seines ganzen Gesichtes, namentlich aber die Augen, das Innere seines Gemüths ungemein stark und die Veränderungen desselben mit bewunderungswürdiger Schnelligkeit aus, so daß der Ausdruck des Unmuths, Hohns und Zorns auf das Rascheste mit dem der Ruhe, Zufriedenheit und des Wohlwollens wechselte. Thatsache ist, daß Friedrich weder selbst spielte, noch das Spielen bei Andern leiden mochte. In den Generalprinzipia vom Kriege schreibt er vor: „Spielen und Trinken darf man schlechterdings nicht einreißen lassen; ein gutes Regiment muß sich so ordentlich aufführen, wie ein Mönchskloster." Er war ein Feind des Spiels, besonders weil er es für eine nutzlose Zeitverschwendung hielt. Im Épitre I. A mon frère Henri macht er sich lustig über die fade Unterhaltung beim Spiel und findet vielmehr sein Vergnügen in einer kleinen, aber um so gewählteren Gesellschaft, wo man sich über tausend Gegenstände unterhält, nicht über Andere spottet, aber an leichtem Scherz sich freut. Noch andere Genüsse geistiger Art sind es, die er aufsuchte, wenn er von seinen Geschäften ausruhen wollte. Die Matinées haben ganz Recht, wenn sie ihm eine große Liebe zur Oper und zum Schauspiel zuschreiben. Ein nicht geringer Theil seines vertraulichen Briefwechsels bewegt sich um diese Gegenstände, und er ist stets sehr befriedigt, wenn er seinen Freunden und Verwandten gute Nachrichten über den Stand derselben geben kann. Ebenso ist in den Matinées richtig gesagt, und Niemand wird es Friedrich verargen, daß er oft sehr unmuthig über die hohen Forderungen der Sängerinnen sich ausspricht. Daß Friedrich die Musik außerordentlich liebte, insbesondere die Flöte, die er auch wie ein Künstler blasen konnte, daß er dieser Neigung in seiner Jugend oft mit Gefahr der Mißhandlung huldigte, ist bekannt genug. Auch seine Gärten lagen ihm sehr am Herzen; er studierte die Baukunst, sammelte Meisterstücke der Malerei und Bildhauerei. Seine Liebe zu den Wissenschaften und Künsten war überhaupt so bekannt, daß der Verfasser der Matinées unmöglich mit Stillschweigen darüber weggehen konnte. Nun ist aber die Wendung sehr merkwürdig, welche hier der Sache gegeben wird. Während bei den zuletzt besprochenen Punkten uns das Streben des Verfassers der Matinées auffiel, glaubhaft zu machen, daß Friedrich Enthaltsamkeit nur heuchle, oder nur aus gemeinen Beweggründen enthaltsam sei, so soll nun in Beziehung auf Wissenschaften und Künste nachgewiesen werden, daß Friedrich nur aus gemeinen Beweggründen sich mit ihnen abgebe.

Den Matinées zufolge nahm er erst nach seiner Thronbesteigung den Schein des Philosophen und Dichters an. Hierin ist die Kühnheit wirklich etwas weit getrieben. Denn abgesehen davon, daß schon vor Friedrichs Thronbesteigung, wie im Eingang erwähnt wurde, verschiedene Werke von ihm in die Oeffentlichkeit gekommen waren, so war seine Liebe zu den Wissenschaften und Künsten, seine eigene Thätigkeit in denselben, sein ununterbrochener inniger Verkehr mit Gelehrten und Künstlern so bekannt, daß alle Welt mit seiner Thronbesteigung eher auf eine Art medizäischen Hoflebens, als auf die strenge Herrscherthätigkeit und Kriegslaufbahn des Königs sich Rechnung machte. Als Knabe hatte er, um das Mißfallen des Vaters zu vermeiden, mit Darangabe seiner eigenen kleinen Geldmittel sich Bücher gekauft und heimlich seine Lieblingswissenschaften, Geschichte, Philosophie und schöne Literatur getrieben. Als später dem Kronprinzen mehr Freiheit gegönnt war, verwandte er die ganze Zeit, wie unter Anderem aus dem Briefwechsel mit Voltaire zu erkennen ist, auf derartige Studien, vergleiche z. B. den Brief vom Februar 1737, wo es heißt: „Ich versuche diese Musezeit auszubeuten und sie nützlich zu machen, indem ich mich dem Studium der Geschichte und der Philosophie hingebe und mich mit der Dichtkunst und Musik unterhalte." Damals schon nannte ihn Voltaire: „Friedrich größer als Sokrates", „Salomo, Mäzenas des Nordens", „Abkömmling Cicero's und Ovid's", und sagt ihm: „Sie schreiben wie Plinius". Wenn er einmal scherzt im August 1737: „Ich habe das Unglück, die Verse zu lieben und oft sehr schlechte zu machen," so meint er ein anderes Mal wieder gerade in den Wissenschaften und Künsten seinen eigentlichen Lebensberuf zu haben. Er schreibt in einigen Briefen an Jordan im Jahre 1742, in denen er sich aus dem Krieg nach den Musen zurücksehnt: „Wer hätte gesagt, daß die Vorsehung einen Dichter gewählt hätte, um das europäische System umzustürzen," oder: „ich war für die Künste geboren." Und in seinem hohen Alter schreibt er an Baron von Grimm (September 1770): „Ich habe von meiner

Jugend an die Künste, die Literatur und die Wissenschaften geliebt, und wenn ich im Stande bin, zu ihrer Verbreitung oder Erweiterung beizutragen, so bin ich dazu bereit mit allem Eifer, dessen ich fähig bin, weil es in dieser Welt kein wahres Glück ohne dieselben gibt." In dieser Gesinnung hat er auch die Akademie der Wissenschaften in Berlin in das Leben gerufen und mit großer Sorgfalt gepflegt, denn, wie er bei der Berufung Wolffs im Juni 1740 an den Konsistorialrath Reinbeck schreibt: „Unsere Akademie muß nicht zur Parade, sondern zur Instruktion sein."

Den Matinées nach ist es Friedrich nur mit Mühe gelungen, sich das Ansehen eines Schriftstellers zu verschaffen. Er selber gibt uns eine ganz andere Auskunft über die Entstehung seines Schriftstellerrufes. Im Jahre 1753 (Juni) schreibt er an Darget: Sie wissen, wie sehr ich fürchte, für einen Dichter gehalten zu werden. Seine Oden hat er bekanntlich nur herausgegeben, um einer falschen Ausgabe in Frankreich entgegen zu treten. Im Februar 1760 schreibt er an Voltaire: „Mich, der ich incognito Dichter sein wollte, übersetzt man gegen meinen Willen öffentlich und ich werde eine thörichte Rolle spielen;" einen Monat darauf an seinen vertrauten Freund De la Motte Fouqué: „Ich gestehe Ihnen daß ich sehr erzürnt bin, öffentlich als Dichter zu erscheinen; alle diese Menschen stehen in schlechtem Ruf; das am wenigsten ungünstige Urtheil, das man über sie hat, ist, daß sie Narren sind;" im Februar 1767 an Voltaire: „Die Dichtkunst ist eine Erholung für mich; ich weiß, daß das Talent, welches ich habe, sehr beschränkt ist; aber es ist ein gewohntes Vergnügen, dessen ich mich ungern berauben möchte, welches Niemanden Nachtheil bringt, um so mehr, da die Stücke welche ich verfasse, nie den Leuten, die sie nie sehen werden, Langweile verursachen werden". Mit der Veröffentlichung seiner satirischen Gedichte verhielt es sich nach einem Briefe an Voltaire vom März 1775 folgendermaßen: „Was man von meinen Possen gedruckt hat, wäre nie mit meiner Zustimmung erschienen. In der Zeit, da es Sitte war, sich gegen mich zu ereifern, hat man mir diese Handschriften gestohlen und sie drucken lassen, gerade in dem Augenblick, wo sie mir hätten schaden können. Es ist erlaubt, sich zu erholen und zu unterhalten mit der Literatur, aber man darf den Leuten nicht mit seinen Albernheiten lästig sein". Im Dezember 1783 schreibt er an Baron von Grimm: „Ich bin Ihnen sehr verbunden für die Mühe die Sie sich genommen haben, um zu verhindern, daß mein Briefwechsel mit b'Alembert gedruckt werde." Wenn Ranke sagt: darin wich Friedrich ganz von Voltaire ab, daß dieser nur für die Wirkung auf die Leser arbeitete, er dagegen eine unbedingte Freude an der Produktion an und für sich hatte, so ist dieß unbestreitbar richtig, was Friedrichs dichterisches Schaffen betrifft. „Blühet, reizende Künste," dichtet er in der Ode: Le Rétablissement de l'Académie, „eine unwiderstehliche Gewalt, eine mächtige Neigung unterjocht mich euern erhabenen Gesetzen." Und so haben wir denn auch in seinen Gedichten fast noch mehr, als in seinem Briefwechsel einen treuen Spiegel seiner Empfindungen, Gedanken und Stimmungen, in welchem das ganze innere Leben des Königs im reichen Wechsel von Freude, Stolz, Liebe, Trauer und Verzweiflung, Scherz, Ironie, Spott und Haß rückhaltlos zu Tage tritt. Seine Gedichte stehen durchaus unter dem Einfluß der Lage, in der sie entstanden sind. (An b'Argens, Oktober 1762: Diese Verse leiden unter der Zeit, in der sie entstanden sind.) An De la Motte Fouqué schreibt er in mehreren Briefen vom Anfange des Jahres 1760: „Wenn ich vom Schmerze überwältigt bin, so mache ich Verse, damit eine ernste Beschäftigung mir zur Zerstreuung diene und mir Augenblicke einer vorübergehenden Zuversicht verschaffe." „Dies ist ein Rettungsmittel,

dessen ganze Macht ich jetzt erprobe; es hilft mir mein gegen=
wärtiges Unglück ertragen und mich von den Sorgen um die
Zukunft abziehen." Die Rücksicht, nach außen eine Wirkung
hervorzubringen, war es am seltensten, was ihn zum Dichten
trieb; man könnte eher sagen, wenn je mit Uebelwollen ge=
deutet werden soll, ein zu großes Vertrauen in seine Fähig=
keit, dichterisch zu empfinden und zu gestalten. Aus seinen
Gedichten selbst und aus der überwiegenden Mehrzahl der
auf sein Dichten bezüglichen Aeußerungen finden wir haupt=
sächlich zwei Beweggründe heraus, erstlich die Lust an der
Beschäftigung mit der Kunst und dem Schönen überhaupt,
und dann das Bedürfniß, einen Gedanken oder eine Stim=
mung in schöne Form zu kleiden, oder wohl auch von irgend
einer Stimmung durch das dichterische Gestalten sich zu be=
freien. Hätte er doch, namentlich wenn er dem Friedrich der
Matinées glich, Grund genug gehabt, gar Vieles zu unter=
drücken, besonders Solches, woran, wie er sich im Épitre à
Stille ausdrückt, „das Herz mehr Antheil hatte, als der Geist."
Namentlich in erregteren und gefahrvollen Zeiten fühlte er
das Bedürfniß, das, was ihm auf dem Herzen lag, durch die
Macht der Kunst zu bemeistern. Villemain, der zwar über
Friedrich als Geschichtschreiber großen, ächt französischen, Un=
sinn in die Welt sandte, — er sagt unter Anderem, in den
Mémoires verschwinde unter der französischen Feinheit allzu=
sehr die Rohheit der alten deutschen Sitten und die naiven Denk=
würdigkeiten seiner Schwester seien nothwendig, um die Dosis
von Barbarei hinzuzufügen, welche in den Berichten Friedrichs
fehle — sagt in seinem Cours de Littérature française II.
173: „Die besten Verse Friedrichs, oder vielmehr die ein=
zigen guten unter so vielen abgeschmackten, die er gemacht hat,
sind ihm entschlüpft in einer Nacht kriegerischer Bedrängniß,
nach einer Niederlage und bei der Annäherung von vier feind=
lichen Heeren. Feldherr oder Dichter: es war die Gefahr,

welche seinem Genius den Aufschwung gab. Friedrich sagt in einem Brief an Prinzessin Amelie vom September 1757: „So schlecht meine Verse sein mögen, so thun sie mir in meiner traurigen Lage die größten Dienste." Was er im Allgemeinen über die gute Wirkung der Wissenschaft und Kunst auf das menschliche Gemüth ausspricht im Discours de l'utilité des sciences et des arts dans un état, indem er sagt: „Man muß ein sehr grausames Herz haben, um das Menschengeschlecht der Tröstungen und der Hilfe berauben zu wollen, welche es aus den schönen Wissenschaften schöpfen kann gegen die Bitterkeiten, von denen das Leben erfüllt ist", das war aus seiner eigenen mannigfachen Erfahrung gezogen. Wenn er — man vergleiche den Briefwechsel mit d'Argens — an Allem, selbst an dem Sieg der Vernunft verzweifelt, so sind sein einziger Trost die schönen Künste. Nach seiner schwersten Niederlage und nach dem Tode seiner geliebtesten Schwester, der Markgräfin von Baireuth, verfaßte er den Sermon sur le jour du jugement, um sich von seinen traurigen Gedanken zu zerstreuen und die Thatkraft und Heiterkeit seiner Seele wieder zu gewinnen. So hielt er es auch noch im höchsten Alter; wir haben einen Brief von ihm an Catt vom August 1778, worin es heißt: „Ich finde nur im Umgang mit den Musen Trost, um die Last des Lebens zu ertragen." Aehnlich hatte er im Juli 1775 an Voltaire geschrieben: „Ach, wie sind die schönen Wissenschaften der Gesellschaft so nützlich! sie geben Erholung von der Arbeit des Tages, sie zerstreuen auf angenehme Weise die politischen Dämpfe, die den Kopf einnehmen, sie heitern den Geist auf, sie unterhalten fast wie die Frauen, sie trösten die Betrübten, und sind endlich das einzige Vergnügen, welches denjenigen bleibt, die das Alter unter seine Last gebeugt hat, und welche sich glücklich finden, diesen Geschmack von Jugend auf sich angewöhnt zu haben." Nicht minder aus=

schließlich für sein eigenes Bedürfniß bestimmt, als seine Gedichte, war natürlich sein Briefwechsel, der einen so bebedeutenden Theil seiner literarischen Thätigkeit ausmacht und nach vielen Richtungen von bleibendem Werthe ist. Bei seinen eigentlichen philosophischen Werken hat er wohl am meisten auf eine Wirkung zu bestimmten, allerdings nicht zu den ihm von den Matinées unterschobenen Zwecken gedacht. Eine gewisse Mischung der Beweggründe finden wir, wie es im Wesen der Sache liegt, schließlich bei seinen Geschichts=werken. Neben dem Bekenntniß im Avant-propos zur Histoire de mon temps vom Jahr 1746, daß die Merk=würdigkeit seiner Zeit ihn zu ihrer Schilderung veranlasse, daß er in unparteiischer Weise bestrebt sei, die bezeichnenden Züge des Geistes seines Jahrhunderts hervorzuheben, und in dem Avant-propos zu den Mémoires pour servir à l'histoire de la maison de Brandebourg, daß er wohl wisse, es gebe zu viele Bücher, aber Angesichts der Wahrnehmung, daß eine Geschichte des Hauses Brandenburg fehle, sei die Begeisterung auch über ihn gekommen, und auch er folge nur „der allgemeinen Seuche", neben diesen Bekenntnissen kommen auch Aeußerungen vor, daß seinen geschichtlichen Dar=stellungen auch noch eine weitere, über die blos künstlerische und schriftstellerische Aufgabe hinausliegende Absicht zu Grunde liege, nehmlich, die Herrscher und Feldherrn Preußen und und überhaupt die Menschen in einer bestimmten Richtung zu belehren, wohl auch seiner Handlungsweise zu rechtfer=tigen (Avant-propos zur Histoire de la guerre de sept ans.). Daß seine militärische Schriftstellerei durchaus unter den Gesichtspunkt der Belehrung fällt, versteht sich wohl von selbst.

Der Verfasser der Matinées erklärt das Dichten für eines Fürsten unwürdig und nur dann zulässig, wenn man nichts besseres zu thun weiß. Im Gegensatze dazu spricht Friedrich in der Éloge von Charles Etienne Jordan, dessen

Freund er eben wegen seiner Liebe zur Literatur war, im Allgemeinen von dem Standpunkte des Nutzens den Grundsatz aus: „Man sage durchaus nicht, daß die Pflege der Wissenschaften und Künste die Menschen untauglich zu den Geschäften mache." Vom Standpunkte der Würde der Wissenschaften und Künste gilt ihm der Grundsatz, den er in einem Brief an den Grafen Schaumburg-Lippe mit folgenden Worten darlegt: „Ich lebe der Ueberzeugung, daß die Wissenschaften und Künste in keiner Weise die Menschen von Geburt, welche sie pflegen, erniedrigen; es scheint mir im Gegentheil, daß sie ihnen einen neuen Glanz verleihen." Wenn dieser Grundsatz von Friedrich auf Menschen von hervorragender Stellung überhaupt ausgedehnt wird, so sagt er in der Éloge des General von Goltz dasselbe mit Beziehung auf die Feldherrn: „Das Studium der schönen Wissenschaften ist so nützlich für diejenigen, welche sich den Waffen widmen, daß die Mehrzahl der großen Feldherrn ihm ihre Musestunden gewidmet haben." Ueber die Stellung, welche die Staatsmänner zu den Wissenschaften und Künsten einnehmen müssen, heißt es im Épitre sur la necessité de remplir le vide de l'âme par l'étude vom April 1740: „Der weise Staatsmann zündet die Leuchte der Künste an, unterrichtet das blinde Volk und klärt es mit Vorsicht auf, und die Liebe zu den schönen Künsten und der Wahrheit schlägt die Regungen der Unbesonnenheit nieder." Er schließt, indem er in dem Bilde eines solchen Staatsmannes offenbar sich selbst wiederfindet, mit den Worten: „So habe ich zu Berlin und im Schatten des Stillschweigens meine Tage den Göttern der Wissenschaft geweiht." Schon im Antimachiavel, aber auch später noch oft, z. B. im Briefwechsel mit De la Motte Fouqué, preist er das Loos der Fürsten glücklich, welche mit Cicero denken (pro Archia poéta 7.): Haec studia adolescentiam agunt, senectutem oblectant, secundas res ornant, advervis perfugium ac solacium praebent, delectant domi, non impediunt foris, pernoctant nobiscum, peregrinantur, rusticantur." Nach dem Antimachiavel ist ihm eben das sicherste Zeichen dafür, daß ein Land unter einer weisen und glücklichen Regierung steht, dieß, „wenn die schönen Künste an seinem Busen genährt werden." Statt der Wissenschaft und Kunst jene untergeordnete Bestimmung beizulegen, gleich= sam als Lückenbüßer dann einzutreten, wenn nichts Besseres sich bietet, sah Friedrich vielmehr in denselben die Grundlage für alles vernünftige Handeln nach seinem Ausspruch im schon erwähnten Épitre sur la nécessité de remplir le vide de l'âme par l'étude: „Wir sind hienieden dazu geboren, zu handeln und zu denken; wenn du gut handeln willst, so lerne nachdenken. — Die unsterbliche Wissenschaft ist für den Men= schen, der sie liebt, das allmächtige Werkzeug seines höchsten Glückes;" oder, wie er in einem Brief an Voltaire vom Januar 1739 sich ausdrückt: „Der philosophische Geist stellt Grund= sätze auf; diese sind die Quellen des Urtheils und die Ur= sache vernünftiger Handlungen." Auch ist bekannt, und die Mitwelt hat die Kunde davon mit nicht geringem Staunen empfangen, daß Friedrich oftmals unter Umständen, die alles Andere eher erwarten ließen, der Wissenschaft und Kunst seine Huldigungen darbrachte. Und er kann wohl manchmal auch darüber seufzen, daß ihm seine Regierungsgeschäfte die ge= wünschte Muße nicht lassen, z. B. in seinem Brief an Vol= taire vom März 1749: „Tausend Pflichten, tausend Beschäf= tigungen ziehen mich ab. Ich bin ein auf das Staatsschiff gefesselter Galeerensklave. Oft wenn ich drei Verse gemacht habe, unterbricht man mich, meine Muse erkaltet und mein Geist erhebt sich nicht leicht wieder." Im Jahre 1742 war nach einem Briefe Voltaire's in Paris allgemein bekannt, daß Friedrich Verse und Musik mache am Tage, wenn er sich geschlagen. Eben derselbe schreibt im März 1759: „Es scheint mir nach der Zeitangabe, daß Ew. Majestät sich unterhielten, diese Verse zu machen einige Tage vor unserm schönen Abenteuer von Roßbach. Gewiß waren Sie damals der Einzige in Deutschland, der Verse machte;" und im Juni 1775: „Sie machen Verse am Schlachttage; Sie greifen zur Flöte, wenn Ihre Tambours im Lager trommeln; Sie geruhen, mir entzückende Dinge zu schreiben, indem Sie Offiziere befördern."

Wenn in den Matinées behauptet wird, Friedrich habe, um seine Gedanken abfassen zu lassen, einige Schöngeister um sich, so ist dies eine offenbare Uebertreibung. Allerdings waren z. B. Thiébault und Generalmajor von Stille vom König beauftragt, seine Aufsätze durchzusehen, ehe er dieselben in der Akademie vorlesen ließ. Allein ihre Thätigkeit war eine sehr beschränkte, und bestand wesentlich in nichts Anderem, als darin, solche Unebenheiten wegzuräumen oder zu verbessern, welche wohl demjenigen entgehen können, der beim lebhaftesten Geiste und bei der mannigfaltigsten Thätigkeit sich einer fremden Sprache bedient. Die Gedanken, welche Friedrich in Schriften niedergelegt hat, die ihm Niemand durchsah, sind seines Geistes nicht weniger würdig. Der von den meisten sprachlichen Fehlern heimgesuchte Briefwechsel mit der Kurfürstin Marie Antonie von Sachsen ist trotzdem eines der schönsten Zeugnisse für seinen Genius und seine hohe Gesinnung, das er uns hinterlassen hat. Gewiß kann kein aufmerksamer Leser der Werke Friedrichs verkennen, daß nicht nur seine Art, sich auszudrücken, sondern auch seine Art zu denken, etwa seit dem Jahr 1736 mehr und mehr den Charakter größerer Gediegenheit und Reife erhält, und gewiß ist nicht zu leugnen, daß Männer, wie Voltaire und d'Alembert, hierauf von größtem Einfluß waren. Allein dieser Einfluß machte sich am Ende doch mehr nur mittelbar geltend und wir dürfen uns nicht verbergen, daß eben um diese Zeit auch die Blüthe von Fried=

richs Geist selbst sich erst vollkommen entfaltet hat, und daß sich mehr und mehr die Früchte seiner durch eigenes Studium und nunmehr durch fortwährenden Verkehr mit großen Geistern genährten Bildung hervordrängen. Was den Kreis und die Tiefe der Gedanken betrifft, so stellt sich Friedrich ebenbürtig neben alle jene Schriftsteller, mit welchen er nähere Verbindungen einging und zum Mindesten wahrt er Jedem gegenüber mit großer Folgerichtigkeit seinen eigenen Standpunkt, als Philosoph z. B. im Briefwechsel mit b'Alembert, als Dichter in dem mit Voltaire. Dieser hatte ihm allerdings Anleitung zum Dichten in französischer Sprache gegeben, und ihm z. B. im Dezember 1737 eine Poetik überreicht, aber sein unmittelbarer Einfluß auf Friedrichs Schaffen selbst darf nicht allzu hoch angeschlagen werden. Es sind meist falsche Schreibarten und kleine Verstöße gegen die Rechtschreibung, auf was Voltaire als Beurtheiler von Friedrichs Erzeugnissen sein Auge richtet. Auch bittet ihn dieser mehrmals in sehr bezeichnender Weise „den strengen Grammatiker gegen ihn zu machen." Auf übersandte Gedichte schickt Voltaire gewöhnlich Bemerkungen, wie, daß man nicht sagen oder schreiben könne: des encens, tu condamne, la sagesse avait pourvue, j'ause (st. j'ose), opiniong, tres (st. traits), matein, daß nourricier, amitié dreisilbig seien, nicht viersilbig, daß carrière zweisilbig, nicht dreisilbig, und aient einsilbig sei, nicht zweisilbig und dergleichen. Wir legen freilich bei den Gedichten Friedrichs auf andere Dinge Gewicht, als der Franzose. Uebrigens hat auch dieser nach den Vorschlägen Friedrichs manchmal Etwas geändert; (derselbe empfahl ihm z. B., im ersten Aufzuge des Mahomet statt écraser des étincelles zu sagen: éteindre oder étouffer.) Dabei hat Voltaire selbst an Werken Friedrichs, denen er von Anfang an ganz fern gestanden war, die Formvollendung anerkannt. So erklärte er in Beziehung auf ein solches: „er werde seinen Meisel nicht an der Gruppe des farnesischen Herkules versuchen;" im Jahr 1738 sagt er über die Consideration sur l'État présent de l'Europe: „Es herrscht in diesem seines Verfassers würdigen Werke ein Stil, der Sie verräth," und er schreibt im März 1753 an Frau Denis: „Der König hat diese Flugschriften geschrieben und drucken lassen, um, wie ganz Berlin sagt, zu zeigen, daß er sehr gut schreiben kann ohne meine kleine Beihilfe." Friedrich beklagt sich sogar darüber, daß Voltaire Nichts an seinen Erzeugnissen zu tadeln habe, z. B. in einem Brief vom Februar 1749: „Ich hoffte, daß Sie Ihrem Brief eine Beurtheilung meiner Stücke beifügten; aber Voltaire zum Hofmann geworden weiß nur Lobsprüche zu ertheilen." Schon im Dezember 1737 hatte derselbe an Friedrich geschrieben: „Ich bemerke, indem ich alles das lese, was Sie mir zu schicken geruht haben, daß sich nicht ein einziger falscher Gedanke darin befindet."

Ueber das Verhältniß der Fürsten zu den Schriftstellern wird in den Matinées der Grundsatz aufgestellt, ein Despot und ehrgeiziger Fürst bedürfe der Schriftsteller, und müsse sie trotz ihrer Eitelkeit und Unverträglichkeit liebkosen und belohnen, weil man sich von ihnen loben lassen müsse. Der Nutzen dieses Verfahrens wird besonders an dem Beispiel d'Alembert's nachgewiesen. Was das Urtheil über den Charakter der Schriftsteller anbelangt, so stimmt dasselbe allerdings ungefähr mit dem überein, was Friedrich an mehreren Orten ausgesprochen hat, z. B. in einem Brief an Voltaire vom Jahr 1749, in der Éloge von Julien Offray de la Mettrie und in der vom Baron von Knobelsdorf. Die betreffenden Stellen lauten: „Ein Dichter, so schlecht er sein mag, ist ein Thier, das man schonen muß." — „Durch eine unglückliche Wirkung der menschlichen Unvollkommenheit ist eine gewisse niedrige Eifersucht eine der Beigaben der Schriftsteller geworden; dieser Rost setzt sich an die Talente an, ohne sie zu zerstören; aber er schadet ihnen manchmal." „Der Wetteifer und die Mißgunst sind zwei ganz verschiedene Gefühle und man kann den Gelehrten und Künstler nicht genug empfehlen, sie um ihrer Ehre, ihrer Ruhe und des Besten der Gesellschaft willen aus einander zu halten." Und in den Discours sur les Libelles tadelt er die Sucht gewisser Schriftsteller, welche ihren Spott über die Regierungen ausgießen und kleine Fehler der Könige und Minister zu Verbrechen zu übertreiben pflegen. Sehr widerwärtige Erfahrungen hatten Friedrich wirklich ein Recht gegeben zu solchen Urtheilen und es mag nicht unpassend sein, aus Göthe's „Wahrheit und Dichtung" hier einen Satz anzuziehen: „Wir verziehen ihm übrigens seine Vorliebe für eine fremde Sprache, da wir ja die Genugthuung empfanden, daß ihm seine Französischen Poeten, Philosophen und Literatoren Verdruß zu machen fortfuhren und wiederholt erklärten, er sei nur als Eindringling anzusehen und zu behandeln."

Daß ein Fürst die Schriftsteller ehren müsse, hat Friedrich häufig ausgesprochen. Im Discours de l'utilité des sciences et des arts dans un état sagt er: „Alle aufgeklärten Fürsten haben Diejenigen beschützt, deren gelehrte Arbeiten den Menschengeist geehrt haben." Und die betreffenden Stellen der Matinées haben ganz den Anschein einer Verzerrung der Originalstelle im Antimachiavel: „Die Könige ehren die Menschheit, wenn sie Diejenigen auszeichnen und belohnen, welche derselben am meisten Ehre machen, und wenn sie jene überlegenen Geister ermuthigen, die es sich zur Aufgabe machen, unsere Kenntnisse zu vervollkommnen." Was nun das Bekenntniß betrifft, daß Friedrich liebe sich gelobt zu sehen, so sagt er allerdings in einem Brief an Graf von Schaumburg-Lippe vom Januar 1739: „Sich loben hören von einem Mann von Geschmack, von einem Kenner, von einem Freund, von dem man überzeugt ist, daß er über

Schmeichelei erhaben ist, das ist die schwerste Probe, welche die Eigenliebe auszuhalten hat." Ein solcher feiner Lobspender war etwa d'Alembert, dessen Name in den **Matinées** durch den Vorwurf der gemeinen Schmeichelei befleckt werden soll. Eine solche finden wir in seinem Briefwechsel mit Friedrich nirgends; vielmehr bewährt sich derselbe durchaus als der „natürliche und freimüthige Mann," als welchen ihn Friedrich der Herzogin von Sachsen-Gotha im Juli 1763 bezeichnet. Das höchste Lob, welches derselbe Friedrich ertheilt, finden wir in einem Brief vom August desselben Jahres; dort sagt er: „Ich möchte ganz Europa das erzählen, was ich an Ew. Majestät zu sehen das Glück gehabt habe, einen Fürsten erhaben über den Ruhm selbst, einen philosophischen und bescheidenen Helden, einen König, der Freundschaft würdig und fähig, mit einem Worte, einen wahrhaftigen Weisen auf dem Thron." Gegen die Schmeichelei, welche freilich oft und zudringlich an den Thron Friedrichs herankam, war derselbe von Jugend auf gewappnet und er hatte sie schon früh von jenem Lobe zu unterscheiden gelernt, auf welches die Handlungen wirklich ein Anrecht geben. So heißt es im Antimachiavel: „Bei den lasterhaften Fürsten ist die Schmeichelei ein tödliches Gift, welches die Saatkörner seiner Verderbniß vervielfältigt; bei den Fürsten von Verdienst ist die Schmeichelei wie ein Rost, welcher sich an ihren Ruhm ansetzt und seinen Glanz vermindert. Aber man unterscheide die Schmeichelei von dem Lobe! Trajan wurde zur Tugend ermuntert durch die Lobrede des Plinius; Tiberius wurde im Laster bestärkt durch die Schmeicheleien der Senatoren." Im März 1760 schreibt er an d'Argens: „Das Lob ist ein Nebel, der vor dem gesunden Menschenverstand sich zerstreut und davon fliegt." — „Aus Mitleid mit meiner Langweile erspart mir alles Lob und nehmt mich wie ich bin." In der Ode: La flatterie, welche er im Januar

1740 Voltaire übersandte, sagt er: „Ein politischer Schmeichler bedeckt mit der vorgespiegelten Süßigkeit einer ewigen Lobrede die Zurüstung eines verderblichen Giftes." — „Schmeichler, laßt eure Hinterlist, glaubt nicht, daß sie mich täusche; ich kenne eure feindlichen Geschosse." Wie gesagt, diese Ode hat Friedrich an Voltaire geschickt, allerdings begleitet von einem Brief, der selbst überfloß von Schmeichelei, in dem es z. B. heißt: „Ein einziger Voltaire wird Frankreich mehr Ehre machen, als tausend Schulfüchse, tausend verunglückte Schöngeister, und tausend große Männer von geringerem Rang. Ich behaupte, daß zwölf denkende und richtig denkende Weise in einer gegebenen Zeit nicht das Gleiche, wie Sie, leisten würden." Voltaire antwortet zwar hierauf: „Ich bitte nur um die einzige Gnade, meine Lobsprüche nicht als Schmeichelei zu nehmen." Allein weder Voltaire selbst noch Friedrich hören auf, sich ungemessene Lobsprüche zu sagen. In Voltaire's Briefen ist hierin noch mehr geleistet, als in denen Marie Antonies von Sachsen, und wenn wir auch der damals herrschenden Unsitte sehr viel zu gut halten, so ist es doch völlig unberechtigt, wenn die Matinées Voltaire (auf Kosten d'Alemberts) von dem Vorwurfe der Schmeichelei befreien wollen. Es bedarf, um dieß einzusehen, nur einer kleinen Blumenlese der schönen Worte, die derselbe Friedrich gibt. Dieser schreibt im April 1737: „Ich unterliege unter der Last solcher Lobsprüche" und später: „Was leihen Sie für eine mächtige Hilfe meiner Eigenliebe! Wie soll man nicht auf der Hut sein gegen die Eitelkeit, zu welcher wir einen so natürlichen Hang haben!" im Januar 1739: „Ich bitte Sie, stets mein Beurtheiler, und nicht mein Lobredner zu sein." Voltaire bediente ihn nehmlich mit Schmeichelreden, wie folgt: „Sie sprechen wie Trajan, Sie schreiben, wie Plinius," „Sokrates ist mir nichts; Friedrich ist es, den ich liebe;" „ich sage: Ubi est Deus meus?" er nennt ihn divus Fridericus, deliciae humani generis, Friedrich größer als Sokrates, großer, unnachahmlicher, anbetungswürdiger Fürst, Alexander, Salomon des Nordens, Trajan und Mäzen des Nordens, großer Apollo Deutschlands;" er sagt, Friedrichs wahre Ahnen seien Scipio Afrikanus, Cicero und Ovid, unter sein Bild habe er geschrieben Soli Principi.

Nicht minder unrichtig, als die Behauptung der Matinées, Voltaire habe nicht geschmeichelt, ist Alles, was über die Veranlassung der Entfernung Voltaire's und sein Verhältniß zu Maupertuis gesagt ist. Wir haben schon bei einem andern Anlaß Gelegenheit gehabt, zu erzählen, wie erbittert Friedrich über das Betragen Voltaire's zu jener Zeit war, als derselbe sich noch an seinem Hofe befand, wie er damals schon die Befürchtung aussprach, er werde denselben wegen seines gemeinen Charakters vor die Thüre setzen müssen. Jedenfalls ist der Beweggrund des Geizes für Voltaire's Entfernung auf das Unglücklichste gewählt. Abgesehen davon, daß die Befürchtung des Königs geradezu lächerlich ist, er werde nicht vermögen, Voltaire's Geldansprüche immer zu befriedigen, wird dem Könige offenbar die verkehrteste Handlungsweise von der Welt zugemuthet, da er in der Furcht vor der Habsucht eines Schriftstellers, der ihn die Entziehung eines Theils der Besoldung durch literarische Rache hätte entgelten lassen können, denselben ohne alle Entschädigung wegjagen soll. Voltaire und Maupertuis befanden sich gemäß der Eigenthümlichkeit ihrer Charaktere in einem natürlichen Gegensatz zu einander, der durch die Ränke des Ersteren und durch des Letztern etwas rauhes Wesen, unter dem selbst Friedrich manchmal zu leiden hatte, in's Unerträgliche sich steigerte. Indem der König zwischen Beide sich stellte, erging es ihm wie nicht selten den Vermittlern, daß er auf beiden Seiten in Verlust kam. Als der Streit in seiner ganzen Heftigkeit ausgebrochen war, mußte er Partei nehmen, und er folgte ganz seiner innern Ueberzeugung, indem er dieß zu Gunsten von Maupertuis that. Schon im Februar 1751 hat er an seine Schwester von Baireuth geschrieben: „Ich ziehe es weit vor, mit Maupertuis zu leben, als mit Voltaire. Sein Charakter ist zuverläsfig, und er hat mehr den Unterhaltungston, als der Dichter, welcher, wenn du darauf wohl Acht gehabt hast, beständig schulmeistert." Auch in der Lettre d'un académicien de Berlin à un académicien de Paris stellt er Maupertuis ein Zeugniß der Anerkennung aus und sagt: „Er hat beständig Uneigennützigkeit gezeigt." Im November 1759 fordert er Voltaire auf, den todten Maupertuis nicht noch mit seinem Haß zu verfolgen. Zehn Jahre später schreibt er an d'Alembert: „Voltaire wird mir nie vergeben, daß ich der Freund von Maupertuis gewesen bin: das ist ein unverzeihliches Verbrechen." An Voltaire selbst schreibt er noch im Juli 1775 über die ganze Sache Folgendes: „Der Maupertuis, den Sie noch hassen, hatte gute Eigenschaften; seine Seele war redlich, er hatte Talente und schöne Kenntnisse; er war rauh, ich gebe dieß zu, und das ist es, was euch entzweit hat. Ich weiß nicht, welcher unglückliche Umstand daran schuld ist, daß nie zwei Franzosen in fremden Ländern Freunde sind." Friedrich konnte schließlich nicht gesagt haben, er zahle den Schriftstellern ihre Besoldung auch in der schlimmsten Lage aus, weil sie sonst den Krieg verdammen; denn nachdem Voltaire schon lange vom König entfernt war, schreibt er in einem Brief um ,den andern über die Greuel des Krieges an Friedrich und beschwört diesen, das Schwert mit dem Szepter zu vertauschen.

Es war vorauszusehen, daß in einer Friedrichs Namen tragenden Schrift über Regierungsgrundsätze auch von dem Heere und von dem Verhältniß des Fürsten zu demselben die Rede sein werde. Hatte er sich doch schon vor der Abfassung der Matinées in seinen militärischen Instruktionen als den Begründer einer neuen Schule und als den Hauptvertreter der militärischen Ideen seiner Zeit erwiesen und in sich auf merkwürdige Weise die Eigenschaften des gelehrten Theoretikers und des erfahrenen Heerführers vereinigt, man kann sagen die Reiterei in Preußen neugeschaffen, und das Fußvolk vollständig umgeschaffen! Hatte er doch erst kurz vorher noch wiederholt, daß das Heer „das hauptsächlichste Werkzeug des Ruhms und der Erhaltung der Staaten sei!" Schon in seinem Antimachiavel heißt es: „In unsern Tagen tragen die zahlreichen Truppen und die mächtigen Heere, welche von den Fürsten im Frieden wie im Kriege auf den Beinen erhalten werden, zur Sicherheit der Staaten bei; sie halten den Ehrgeiz der benachbarten Fürsten im Zaum, sie sind die nackten Degen, welche diejenigen der andern in der Scheide halten!" Insbesondere war in seinen Augen für Preußen ein starkes und stets schlagfertiges Heer eine unumgängliche Nothwendigkeit. „Wenn man jemals," schreibt er im Mai 1737 an Prinz Heinrich, „das Heer vernachlässigte, so wäre es um dieses Land geschehen." In dieser Ueberzeugung hat er den reichen Schatz seiner Erfahrungen und Anschauungen niedergelegt in einer Menge von kriegswissenschaftlichen Schriften, die nicht nur für die nächste Zukunft vom größten Werthe waren, sondern auch noch heutzutage einen höchst ehrenvollen Platz in den Kriegswissenschaften einnehmen. Auf Friedrich als Theoretiker in militärischen Dingen kann es also nicht wohl bezogen werden, wenn in den Matinées gesagt wird, er habe nach seiner Thronbesteigung nur geschienen, Soldat zu sein. Daß er aber Feldherr nicht bloß zum Schein gewesen sei, daß er die schlesischen Kriege und den siebenjährigen Krieg nicht bloß des Scheines wegen geführt habe, darüber uns zu verbreiten, wird man gern erlassen. Indem wir uns daher sogleich zu der nähern Ausführung der Matinées wenden und auch das, was in der fünften Morgenstunde über diesen Gegenstand gesagt ist, hierherziehen, sind wir nach dem Bisherigen wohl darauf vorbereitet, zu vernehmen, daß die ganze Art, wie Friedrich mit seinem Heere verkehrt, auf nichts Anderes angelegt sei, als sich selbst in ein günstiges Licht (hier in das großen Gedächtnisses und großer Nachdenksamkeit) zu setzen, daß ferner Alles, was er mit seinem Heere vornimmt, nur darauf berechnet sei, der Welt einen hohen, durch die wirklichen Zustände nicht berechtigten Begriff von demselben beizubringen. Das Heer soll nach den Matinées in der Täuschung erhalten werden, als ob der König ihm innige Theilnahme schenke, und als ob er sogar seinetwegen sich große Entbehrungen auferlege. Damit möge man die Art vergleichen, wie Friedrich seines Heeres gedenkt in seinem für den Thronfolger geheim aufbewahrten letzten Willen. Es heißt dort: „Ich empfehle meinem Thronerben mit aller Wärme der Zuneigung, deren ich fähig bin, die braven Offiziere, welche unter meiner Anführung den Krieg mitgemacht haben. Ich bitte ihn, auch besonders für diejenigen Offiziere Sorge zu tragen, die in meinem Gefolge gewesen sind, daß er Keinen derselben verabschiede, daß Keiner von ihnen mit Krankheit beladen, im Elend umkomme. Er wird geschickte Kriegsmänner und überhaupt Leute an ihnen finden, welche Beweise von ihren Einsichten, ihrer Tapferkeit, Ergebenheit und Treue abgelegt haben." Im weiteren Verlauf macht er den einzelnen gemeinen Soldaten Geldgeschenke und in seinen Schlußworten heißt es unter Anderem: „Möchte mein Reich durch ein Heer, das nur nach Ehre und edlem Ruhme strebt, der am tapfersten vertheidigte Staat sein!" Daß er Zeitlebens für sein Heer keine noch so mühevolle Anstrengung scheute, jeden angenehmen Genuß freudig aufopferte, die wachsamste Sorgfalt und unausgesetzte Geduld bewies, ist bekannt. Hat er doch seine eigenen Brüder nicht geschont, wenn sie ihm hier in ihrer Pflicht nicht zu genügen schienen! Man erinnere sich an das über Prinz Heinrich oben Erwähnte! An Prinz Wilhelm schrieb er im April 1750: „Ich habe alle schicklichen Rücksichten für dich; es ist nur der Artikel des Militärs, der zu wichtig ist, als daß ich hier Schonung für irgend Jemand eintreten lassen könnte."

Während bis jetzt wohl allgemein der Glaube war, daß für Friedrich das Kriegswesen keine Spielerei gewesen sei, daß er vielmehr im Gegensatz zu seinem Vater erkannt habe, die höchste Vollkommenheit im kleinen Dienste vermehre nicht gerade die Brauchbarkeit des Soldaten, sondern diene wesentlich dazu, ihm seinen Dienst zu verleiden, hat er eben darin nach den Matinées die Hauptsache gefunden und Alles darauf angelegt, durch wiederholte, bis ins Einzelnste und Kleinlichste gehende Uebungen seinen Soldaten selbst und dem Ausland den Glauben an die Ueberlegenheit des preußischen Heeres beizubringen. Es ist nun allerdings richtig, daß man in Rußland, Frankreich und den andern Ländern den Stein der Weisen gefunden zu haben glaubte, wenn man den König nachahmte, „wie er sich räusperte und wie er spuckte"; aber es ist nicht außer Acht zu lassen, daß wenn er seines Vaters Beispiel gefolgt wäre, und nicht durch lange und ernste Kriege die wirkliche Ueberlegenheit seiner Truppen dargethan hätte, es keinem Menschen eingefallen wäre, wegen bloßer Uebungen an diese Ueberlegenheit zu glauben. Der Glaube an dieselbe und jene Nachäfferei war nur die Folge der großartigen Leistungen des preußischen Heeres, und Göthe erzählt in „Wahrheit und Dichtung" ganz der Sache gemäß: „Friedrichs Uebergewicht in Allem offenbarte sich am stärksten, als in der französischen Armee das preußische Exercitium und sogar der preußische Stock eingeführt werden sollte." Wenn übrigens Friedrich zur Belehrung für die Herrscher und Feldherrn Preußens seine militärischen Erfahrungen niederschreibt, so bemerkt er, wie in der Histoire de sept ans, ganz im Gegensatz zu den Matinées, daß man ihn ja nicht sklavisch nachahmen solle. In den Generalprincipia vom Kriege setzt Friedrich die ganze militärische Tugend in drei Dinge: „Ordnung, Gehorsam, Tapferkeit. Am 12. Juni 1742 erklärte er in einem Brief: „Nichts übertrifft dieses Heer an Tapferkeit, an Kraft, an Ausdauer in der Arbeit und in allen den Stücken, welche die Truppen unüberwindlich machen." Wohl werth hier angezogen zu werden ist eine Stelle aus einem Brief d'Alembert's an Friedrich vom 17. Mai 1773: „Ich erinnere mich, daß ein Soldat, nachdem er das Heer Alexanders des Großen hatte Uebungen machen sehen, zu Alexander sagte: „Ich habe die Räder gesehen und die Triebfeder, aber die Kunst, sie in Bewegung zu setzen, ist ein Geheimniß, zu dem das Genie allein den Schlüssel hat." Nach den Matinées sorgt Friedrich für die Tüchtigkeit der Offiziere im Heere dadurch, daß er sich vor den Musterungen einige Namen derselben merkt, Einzelne dann mit Namen anredet und ihnen dadurch einen hohen Begriff von seinem Gedächtniß und Wissen beibringt, sie für gelungene Uebungen durch eine Einladung an seinen Tisch ehrt, im andern Fall sie von demselben ausschließt. Friedrich aber scheint kaum an eine große Wirksamkeit solcher Mittel geglaubt zu haben, denn er schreibt an De la Motte Fouqué im April 1764: „Was die Offiziere betrifft, so ist auf diese meine größte Aufmerksamkeit gerichtet, daß sie in der Folge wachsam werden im Dienste und daß sie ihr Urtheil ausbilden; ich lasse sie im Befestigungswesen unterrichten, und mit diesem versucht man sie zu nöthigen, über Alles nachzudenken, was sie zu thun haben." Er gab den Offizieren selbst Anweisungen, erbaute Schulen für Kriegszöglinge, wählte die Lehrer dafür aus, belohnte die Verdienste der höhern Feldherrn besonders durch großes Vertrauen, ehrte öffentlich die Leistungen der niedrigeren Offiziere, bemerkte und behielt in seinem treuen Gedächtniß jeden Beweis von Einsicht, Muth, Ueberlegung und Entschlossenheit derselben. Den Unteroffizieren zeigte er bei jeder Gelegenheit Achtung und Vertrauen und hob diesen Stand überhaupt im Heer, weil er dessen Kraft zu einem nicht geringen Theil eben auf demselben beruhen sah. Er schreibt im Mai 1767 über diesen Gegenstand an Prinz Heinrich: „Der letzte Krieg hatte die Truppen zu Grunde gerichtet und die Mannszucht aufgehoben. Ich habe es als meine Pflicht angesehen, dem einen und dem andern Uebelstand abzuhelfen. In drei Jahren wird das Heer den Charakter der Tüchtigkeit wieder gewonnen haben, den es einst hatte; und diese Zeit wird angewendet werden, um die Offiziere und Unteroffiziere zu Edelleuten wohl auszubilden, deren Gattung selten geworden ist." Dabei wurde der gemeine Mann keineswegs vergessen, und die **Matinées** haben allerdings Recht, wenn sie Friedrich die größte Sorgfalt für denselben zuschreiben. Durch genügende Kleidung und Kost, durch Aufhebung vieler unnützer Quälereien suchte man ihm seinen Stand angenehmer zu machen, dabei ihm auf jede Weise Achtung vor seinem Beruf und ein stolzes Selbstvertrauen einzuflößen, durch Herablassung und Theilnahme seine Anhänglichkeit zu gewinnen. Namentlich nach dem siebenjährigen Krieg war Friedrich auf's Eifrigste bedacht, den Stand des gemeinen Soldaten emporzubringen und schon im April 1764 konnte er Fouqué gegenüber die Hoffnung aussprechen, der gemeine Soldat werde im nächsten Jahre wieder so tüchtig sein, als vor dem Kriege.

Indem der Verfasser der **Matinées** unterläßt, von Friedrichs Thätigkeit zu sprechen, welche die mannigfaltigste Ausbildung des Heers, die Einschulung des Fußvolks in allen Kriegsübungen, die Verbesserung der Reiterei, die Vermehrung der Artillerie, die Anlegung, Ausbesserung und Verstärkung von Festungen und Kasernen, die Bewaffnung, das Lager- und Remontewesen, die Anlegung von allen erdenklichen Waffen- und Lebensmittel-Vorräthen umfaßte, verräth er eine vollständige Unkenntniß der Dinge, denen Friedrich seine Kraft und Aufmerksamkeit vor andern zuwandte. Ganz unglaubliche Irrthümer aber läßt er sich zu Schulden kommen, in allem dem, was er über die geschichtliche Entwicklung des Heeres Friedrich erzählt. Hier müssen wir Ranke's Bemerkungen anführen, die derselbe in der Berliner allgemeinen Zeitung vom 3. Febr. 1863 mitgetheilt hat: „Der angebliche Friedrich sagt, daß als er zur Macht gelangt sei, sein Erstes gewesen sei, in seines Vaters Schatz zu sehen, den er sehr reich gefunden habe. Er habe berechnet, daß er seine Armee kraft der Mittel seines Schatzes verdoppeln könne. Er habe dieß gethan und seine Truppen mit der größten Sorgfalt jedes Jahr zur Bewunderung von ganz Europa geübt. Denn da er gesehen, daß seine Truppen jede andere Armee überträfen und das größte Selbstvertrauen besäßen, habe er die Ansprüche, die er erheben konnte, untersucht und die Eroberung Schlesiens beschlossen. Nun ist aber allgemein bekannt, daß Friedrich kaum ein halbes Jahr auf dem Thron saß, als er Schlesien angriff und eroberte. Es ist wahr, daß er vorher das von seinem Vater unterhaltene Riesenregiment auflöste und mit dem so ersparten Geld und den übrigen Ersparnissen aus der Generalkriegskasse die Armee um einige Bataillone vermehrte. Aber wie weit ist dieß entfernt von Verdopplung der Armee, von mehrjähriger Einübung derselben und vor allem dem übrigen Unsinn, den Friedrich in der kleinen Abhandlung geschrieben haben soll. Um zu glauben, daß er das Werklein geschrieben habe, muß man annehmen, er sei zuweilen nicht bei Sinnen gewesen." Die Hoffnung, die Ranke am Schlusse ausspricht, wenn Herr Acton nur auf diese Seite seine Aufmerksamkeit richte, so werde er seiner Meinung beitreten, ist allerdings nicht erfüllt worden.

Der Vollständigkeit halber mögen hier noch einige Zahlenangaben folgen. Nach der Introduction der Histoire de mon temps beliefen sich beim Tode Friedrich Wilhelms die Staatseinkünfte auf 7,400,000 Thaler, und der König hatte Erspartes hinterlassen 8,700,000 Thaler. Der damalige Stand des Heeres war nach Friedrichs übereinstimmenden Angaben in der Histoire de mon temps und in den Mémoires pour servir à l'histoire de la maison de Brandebourg 66,000 Mann. Im Juni 1740 schreibt der König: „Ich habe sogleich begonnen, die Streitkräfte des Staats um 16 Bataillone, 5 Schwadronen Husaren und eine Schwadron gardes des corps zu vermehren." In der Abhandlung Du militaire gibt er an, der Stand des Heeres sei 72,000 Mann, im Anfang der Histoire de mon temps spricht er von 76,000; aus einem amtlichen Bericht des General von Massow, der am 10. Januar 1748 an den König gerichtet wurde, geht hervor, daß das Heer sich damals auf etwas mehr als 83,000 Mann belief. Um das Jahr 1768 war der Friedensstand 161,000, 1774: 180,000 und der Kriegsstand vermuthlich 218,000 Mann.

Noch sind einige weitere Einzelheiten der „besondern Staatskunst" nachzutragen. Es ist gewiß nur sehr folgerichtig, daß der Verfasser der Matinées, der schon in der ersten Morgenstunde dem Kapitel der Kleidung so viel Berücksichtigung hatte zu Theil werden lassen, auch in seiner „besondern Staatskunst" an einem so wichtigen Gegenstand nicht vorüber ging. Auch hier hat sein Scharfsinn tiefere Beweggründe entdeckt und enthüllt, als die Zeitgenossen Friedrichs, welche dessen einfache Kleidung seiner Verachtung äußerlicher Dinge und einem gewissen Hang zum Sichgehenlassen, ja sogar zur Unreinlichkeit zuschrieben. Friedrich soll nehmlich alte, unordentliche Kleider (freilich nur als Hülle unter einem bessern Anzug, was sehr bequem gewesen sein mußte!), um

alle seine Unterthanen, und zwar die Uniform getragen
haben, um insbesondere seine Soldaten durch den Schein der
Achtung vor ihnen zu täuschen. Damit ist freilich in der
Méneval'schen und Rotter'schen Handschrift, wie schon hervor=
gehoben wurde, seltsamer Weise noch ein anständiger Beweg=
grund, der aus der Abneigung gegen unnützen Putz und
Verschwendung floß, und ein Lob Friedrich Wilhelms ver=
mischt, daß derselbe aus Sparsamkeit blau zum Galakleide
nahm. In seinem Aufsatz Des Moeurs, des Coutumes, de
l'Industrie, des Progrès de l'Esprit Humain dans les Arts
et dans les Sciences kommt Friedrich seiner Aufgabe gemäß
auch auf die Kleidung zu sprechen und berichtet, daß unter
Friedrich Wilhelm Niemand mehr, als drei Ellen, an seinem
Kleide gehabt habe. Friedrich Wilhelm hatte zur Einführung
dieser einfachen blauen Uniform als ständiger Kleidung ver=
schiedene, besonders aber drei Gründe. Erstlich wollte er,
daß im Heere jeder Unterschied, namentlich aber der zwischen
Arm und Reich aufhöre und nur der Rang im Dienste Etwas
gelte. Sodann fand er im Bedürfniß des Heeres ein we=
sentliches Mittel, der Tuchmanufaktur, die er sehr begünstigte,
einen guten Markt zu verschaffen. Seine „blauen Kinder"
mußten sich stets sauber tragen und eine doppelte Kleidung
haben. Er hat seinen Zweck auch ziemlich erreicht, denn die
blauen Berliner Tuche erwarben sich rasch europäischen Ruf
und Absatz. Drittens wollte er seine Offiziere von unnöthigen
Ausgaben abhalten. Friedrich Wilhelm trug seit 1725 be=
ständig die Uniform (Ranke, 9 Bücher preußischer Geschichte,
1. Band). In einer Anmerkung zu Mauvillon's Vie de
Frederic Guillaume heißt es: Erst gegen das Jahr 1725
hat er durchaus die Uniform angenommen. Er that dieß,
um seine höhern Offiziere daran zu gewöhnen. Denn bis
zu dieser Zeit hatten alle, die höhern und niedrigern Offi=
ziere, außer dem Dienst Kleider von allen Farben, gestickt

und betreßt, getragen, wie es Jeder genehm fand. Es gab Viele dergleichen, welche dieß in Noth brachte, und welche Schulden machten, um nicht geringer, als die Andern, zu erscheinen.

Wenn, um noch dieses nachzutragen, - der Verfasser der Matinées den König dadurch nach Leutseligkeit streben läßt, daß derselbe Jedermann erlaubt, sich unmittelbar schriftlich oder mündlich an ihn zu wenden, so ist so viel richtig, daß der Zugang zum König, besonders wenn derselbe auf seinen Rundreisen begriffen war, Jedermann zustand; denn der König pflegte zu sagen: „Die armen Leute haben zwar sehr oft Unrecht; aber ich muß sie doch anhören; dazu bin ich da." Anders verhält es sich mit den schriftlichen Eingaben an ihn. Man durfte sich mit seinem Gesuch nicht unmittelbar an den König wenden, sondern dasselbe mußte zuerst der betreffenden Behörde übergeben werden, die dann ihren Bescheid nebst der Vorstellung dem König unterbreitete. Die Kabinetsräthe trugen die Sache demselben vor und bemerkten seine Antwort mit kurzen Worten auf der Eingabe. Sodann unterzeichnete der König, aber nicht wie in den Matinées, mit Frederic, sondern Federic, und in seiner Gegenwart erfolgte die Untersieglung mit dem Kabinetssiegel. Die kurzen Antworten des Königs, die übrigens meist hinreichend motivirt wurden, waren in der Menge seiner Geschäfte, nicht, wie in den Matinées behauptet wird, in irgend einer heuchlerischen Nebenansicht begründet. Der König liebte überhaupt die möglichste Kürze, und es ist bekannt, daß er auch von seinen obersten Behörden nicht gern einen Bericht entgegennahm, welcher über eine Folioseite lang war.

Die fünfte Morgenstunde ist in drei Grundsätze eingetheilt, von denen der erste handelt von der Selbsterhaltung und Vergrößerung des Staates. Nach der schon besprochenen Ausführung über das Heer und die Geldmittel Preußens, sowie über die Umstände bei der Weg=

nahme Schlesiens, wird die Mahnung gegeben, keine Gelegenheit, sich mit Gewalt zu vergrößern, vorübergehen zu lassen; denn man könne, wie Ludwigs XIV. und Friedrichs Beispiel zeige, dabei nicht verlieren, und das Gleichgewicht Europas sei eine Redensart. Allerdings konnte man, besonders im Ausland, unter dem Eindruck der jüngsten Vergangenheit, von Friedrich die Ansicht haben, er sei ein Eroberer, welcher ohne Zweifel durch den Erfolg seines Unternehmens gegen Schlesien sich noch zu mehrern kühnen Wagnissen werde hinreißen lassen. Allein diese Ansicht, aus der offenbar die Bemerkungen der Matinées fließen, ist denn doch durch die Geschichte, insbesondere durch die dem siebenjährigen Krieg folgenden 23 Friedensjahre, hinreichend widerlegt worden. Und die Billigkeit dürfte fordern, statt fortwährend auf jene Aeußerung Friedrichs über seine Beweggründe zum schlesischen Krieg allen Nachdruck zu legen, jene hundertfältigen Aussprüche nicht außer Acht zu lassen, in welchen Friedrich seine bittere Unlust am Kriege, seine Reue über die Kühnheit seines Unternehmens, seine Sehnsucht, selbst Frieden zu haben, im Frieden das Glück seiner Unterthanen zu begründen und im Umgang mit gleichgesinnten Freunden den Musen zu leben, und schließlich seine Freude über den hergestellten Frieden offenbart. Er war eigentlich nur in seinem ersten Krieg Angreifer und Eroberer gewesen; von seinem zweiten Krieg an kehrt er stets ohne Vergrößerung in den Friedensstand zurück. Es ist sehr bezeichnend, daß er am Schlusse seiner Histoire de sept ans den lebhaften Wunsch ausspricht, die Könige Preußens möchten nicht mehr in die Lage versetzt werden, mit gewaltsamen Mitteln den Bestand ihres Reiches schützen zu müssen. Durchaus unwahrscheinlich ist daher, daß er trotz der lebhaften Erinnerung an die kaum überstandenen Gefahren, die er nur durch seine unerschöpfliche Fruchtbarkeit an stets neuen Rettungsmitteln zu bewältigen vermochte, seinem Nachfolger habe einreden wollen, man wage nicht zu viel, wenn man bei jeder Gelegenheit über seine Nachbarn herfalle. Wie lange hatte er selbst vor dem siebenjährigen Krieg vorsichtig zugewartet, obwohl er Jahre hindurch von den Plänen seiner Gegner unterrichtet war, bis ihn endlich die Selbsterhaltung zum Kriege nöthigte.

Von dem Werth des Gleichgewichts der Mächte in Europa dachte er keineswegs so gering, wie es in den Matinées dargestellt ist. Schon im Antimachiavel hatte er sich mit dieser Frage beschäftigt und im Chapitre XVI. sich so darüber geäußert: „Die Ruhe Europas gründet sich hauptsächlich auf die Aufrechterhaltung jenes weisen Gleichgewichtes, durch welches die überlegene Macht eines Königreichs im Gleichgewicht erhalten wird durch die vereinigte Macht einiger anderer Herrscher. Wenn dieses Gleichgewicht zum Wanken käme, so wäre zu fürchten, daß eine allgemeine Umwälzung hereinbräche, und daß ein neues Königreich sich errichtete auf den Trümmern der Fürsten, welche ihre Uneinigkeit zu schwach machte." Wenn Herr Acton die in unserer Morgenstunde ausgesprochene Ansicht über das Gleichgewicht der Staaten wirklich für die Friedrichs hält und beifügt, derselbe habe über dieses Gleichgewicht gesprochen mit der Sachkenntniß, die der Mann, der dasselbe umstürzte, darüber gehabt haben müsse, so übersieht er die ganze Wirksamkeit Friedrichs während der zweiten Hälfte seiner Regierung, die wesentlich darauf gerichtet war, das allerdings auf zum Theil neuen Grundlagen errichtete Gleichgewicht mit Aufbietung aller Kräfte zu erhalten. Im Jahr 1770 ließ sich Friedrich in seinem Examen de l'essai sur les préjugés darüber also vernehmen: „Die Erhaltung eines Fürsten nöthigt ihn, mit den Waffen das Gleichgewicht der Gewalt unter den Mächten Europas aufrecht zu erhalten."

Der schon in der ersten Morgenstunde ausgesprochene

Grundsatz, daß „man, was Königreiche betrifft, nimmt, wenn man kann," der in der vierten Morgenstunde als die Ermahnung wieder auftauchte, „den Nachbar zu berauben, weil dieß ihm die Mittel nehmen heißt, uns zu schaden," ist hier in den verschiedensten Wendungen wieder vorgebracht und zugespitzt in den Satz, es sei eine schlechte Politik, nicht stets auf Vergrößerung, wenn auch durch gefährliche Kriege, zu denken. Diesem gegenüber heißt es im Exposé du gouvernement prussien: „Wenn der Staat nicht reich ist (dieß geht offenbar gerade auf Preußen), so muß man sich vor Allem in Acht nehmen, sich in Kriege zu mengen, wo Nichts zu gewinnen ist, weil man sich mit reinem Verluste erschöpft und weil man, wenn dann eine gute Gelegenheit käme, dieselbe nicht benützen könnte." Uebrigens hat Friedrich im Briefwechsel mit der Kurfürstin Marie Antonie von Sachsen die Aufgabe der Staatsmänner und Herrscher ganz im entgegengesetzten Sinne bestimmt, als in den Matinées geschieht. Er schreibt im Mai 1765: „Meine Neffen werden sich zu vertheidigen wissen; aber sie werden es nie verstehen, ungerecht anzugreifen; dieß sind zum Wenigsten die Grundsätze, welche man ihnen einzuflößen versucht, übereinstimmend mit den Gedanken des Hugo Grotius und der gelehrtesten Rechtsverständigen, welche über das öffentliche Recht geschrieben haben"; im März 1766: „Der Beruf der Fürsten macht sie zu den ersten Behörden des Volks und ihre wesentliche Pflicht ist, so viel an ihnen ist, den Vortheil dieses Volkes aufrecht zu erhalten (d. h. die Sicherheit des Eigenthums, welche das erste Recht jedes Bürgers ist), dann dasselbe zu schützen gegen die Unternehmungen der Nachbarn, welche ihm zu schaden versuchen, und endlich es zu vertheidigen gegen die Macht und den Uebermuth seiner Feinde."

Was schließlich in der Reutlinger Ausgabe über die Nothwendigkeit einer preußischen Seemacht gesagt ist, wider=

spricht vollkommen den Ansichten Friedrichs. Derselbe hat nie die Vorschläge zur Errichtung einer Seemacht, noch zur Erwerbung von Ansiedlungen in fremden Erdtheilen genehmigt. Er sagt in seiner Combinaison du total du gouvernement: „Ich glaube durchaus nicht, daß man sich in diesem Lande je überreden lassen solle, eine Kriegsmacht zur See zu bilden; man kann es doch den großen Seemächten nicht gleich thun, und so wären alle Ausgaben unnütz."

Im zweiten Grundsatz ist wieder die Rede von dem Verhalten Friedrichs in Abschließung von Bündnissen, worüber wir oben schon gesprochen haben. Sodann kommt hier und in dem dritten Grundsatz die Rede auf das Gesandtschaftswesen. Nach den Matinées muß man solche Gesandte haben, die ihr Spürtalent auch an den Taschen der Könige auszuüben sich entschließen können. Es ist Thatsache, daß Friedrich dem Gesandtschaftswesen ungemeine Sorgfalt zuwandte, „man muß, sagt er im Essai sur les formes de gouvernement: „bei seinen Nachbarn offene Augen und Ohren haben, die getreu berichten, was sie gesehen und gehört haben;" und daß er von seinen Gesandten besser bedient war, als die andern Herrscher seiner Zeit und die spätern Könige Preußens, ist bekannt. Das Letztere rührte aber nicht davon her, daß er Gesandte hatte, die, wie die kindische Bemerkung der Matinées lautet, die Fähigkeiten besaßen, sich in allgemeinen und doppelsinnigen Redensarten auszudrücken, sondern daß er ein scharfes Auge fortwährend auf ihre Thätigkeit gerichtet und strengstens darauf hielt, daß sie ihm regelmäßige und ausführliche Berichte in den kürzesten Zeiträumen einschickten. „Politische Aerzte und Schlossermeister", wie es in den Matinées heißt, brauchten sie deßwegen noch nicht zu sein, wenn wir auch keineswegs für die Sittlichkeit der Mittel eintreten wollen, die Friedrich z. B. in Dresden und durch General Winterfeld auch an andern Höfen anwenden ließ, um die Geheimnisse seiner Gegner zu erfahren. Dagegen haben die Matinées darin vollständig Recht, daß Friedrich weniger von dem Aufputz des Wagens eines Gesandten, als von der Art, wie er fremden Mächten gegenüber auftrat, sich Wirkung versprach. Es ist bekannt, daß er seinem Vertreter am englischen Hof, der sich über die Kärglichkeit seiner Besoldung beklagte, die ihm nicht erlaube, Glanz zu entfalten, sagte: „Sprechen Sie mit meinem Bruder von England, wie wenn ich Ihnen mit ein paarmal hunderttausend Kriegern über die Schulter sähe." Unrichtig ist aber die Behauptung der Matinées, daß er die Botschafter (ambassadeurs) überall durch Gesandte (envoyés) ersetzte. Er erklärt sich in einem Brief an seinen Bruder Heinrich vom Dezember 1768 darüber so: „Die Gewohnheit ist dem nicht entgegen, daß man in andern Ländern Residenten oder Handelskonsuln hat, aber was die Gesandten betrifft, so verwendet man sie nur wechselseitig." Schließlich ist allerdings richtig, daß er, wie es in den Matinées heißt, glaubte, man müsse bei gewissen Gelegenheiten Pracht entfalten. Namentlich that er dieß bei der türkischen Gesandtschaft gegen Ende des Jahres 1763. Die Erzählung davon haben wir von Friedrichs Hand selbst und geben sie hier, um sie dem Bericht in der Reutlinger Ausgabe als Korrektiv zur Seite zu stellen. Friedrich schreibt an Prinz Heinrich am 3. November 1763: „Der Mamamuchi ist angekommen, was ganz Berlin in Aufruhr setzt. Dieß nöthigt mir eine Zeremonie auf, der ich gern entgehen möchte, wenn dieß von mir abhinge, um so mehr, da sie sehr kostspielig ist;" am 14. November: „Am 20. wird der Mamamuchi seine Audienz haben —" (in der That fand dieselbe am 21. statt); „man muß ein absonderliches Zeremoniel mit diesen Türken beobachten, das mir mißfällt und mich sehr belästigt; aber man muß es durchmachen, und ich werde mich darüber trösten können, wenn dieß uns zu einem guten Vertheidigungsbündniß führt mit diesen Herren Beschnittenen. — Was mich betrifft, so zahle ich die Geigen der ganzen Geschichte; es kostet mich 7000 Thaler monatlich;" am 4. Dezember aus Potsdam: „Der Effendi kehrt heute nach Berlin zurück, und ich glaube jetzt sicher zu sein, daß dieses Bündniß, an dem ich seit 10 Jahren gearbeitet habe, sich abschließen wird. Das ist eines der besten Erbstücke, das ich meinen Neffen hinterlassen kann und das nach menschlicher Voraussicht dazu dienen wird, unsern Feinden und Neidern Achtung vor den Verträgen einzuflößen, die sie mit uns abgeschlossen haben;" am 12. Dezember: „Was mich betrifft, so ist das Beste an der Sache nach meiner Ansicht das Bündniß; denn bei der Gesandtschaft habe ich die Rolle des Harlekin; ich ziehe mich aus der Sache nur, indem ich zahle" (Anspielung auf eine Stelle im Malade imaginaire von Molière).

Im dritten Grundsatz wird die Vorschrift gegeben, den Nachbarn Furcht einzujagen dadurch, daß man sich mächtiger stellt, als man ist, dadurch ferner, daß man sich den eigenen Unterthanen als ein gefährliches Wesen zeigt, das alle Rücksichten auf das eigene Land hintansetzend nur darauf ausgeht, eine Rolle bei der Nachwelt zu spielen. Die letztere Bemerkung steht in schroffem Widerspruch zu der Gesinnung, die Friedrich in einem Brief an Frau von Camas vom Oktober 1745 darlegt: indem er sagt, er freue sich über einen Sieg bloß wegen des Vortheils, den der Staat davon habe; er werde keinen Soldaten verwunden lassen aus Eitelkeit oder um falschen Ruhm zu erwerben. Die Vermuthung bietet sich von selbst dar, daß jene Sätze der Matinées derselben Anschauung entstammen, welche in Friedrich nur einen Eroberer sah, und welche am kräftigsten durch die spätere Geschichte Friedrichs selbst widerlegt worden ist. Derselbe hat, wie zum Theil schon mehrfach ausgeführt worden ist, auch an vielen Stellen seiner Schriften die politische Aufgabe Preußens ganz anders und jedenfalls richtiger aufgefaßt und dargestellt. Im Avant-propos 1775 zur Histoire de mon temps sagt er: „Kleine Staaten können sich großen gegenüber halten, wenn sie Industrie und viel Ordnung in ihren Angelegenheiten haben." In der Combinaison du total du gouvernement zeigt er seinen staatsmännischen Scharfblick in folgender Betrachtung: „Die großen Reiche gehen ihren Gang trotz der Mißbräuche und erhalten sich durch ihr Schwergewicht und durch ihre ihnen inwohnende Kraft; kleine Staaten sind rasch zu Boden geworfen, wenn an ihnen nicht Alles Kraft, Nerv und Leben ist." Zum Schlusse fügen wir noch seine Worte aus dem Chapitre XXV. des Antimachiavel bei: „Ich ziehe den Schluß, daß ein Volk in großer Gefahr ist mit einem kühnen Fürsten, daß dieser eine fortdauernde Gefahr ist, welche es bedroht; und daß der vorsichtige Herrscher, wenn er nicht geeignet ist für die großen Heldenthaten, mehr für die Regierung geboren zu sein scheint. Der Eine wagt, aber der Andere erhält."

Jeder, welcher unserer Untersuchung bisher mit einiger Aufmerksamkeit gefolgt ist, muß beistimmen, wenn wir als unumstößliches Ergebniß feststellen, daß n i c h t n u r F r i e d r i c h II. nicht der Verfasser der Matinées gewesen sein kann, sondern auch daß dieser einzig und allein im Lager seiner Feinde zu suchen ist. An Friedrich hatte sich im Uebermaß, wie eine ganze Literatur von Schmähschriften beweist, das Wort des Dichters bewährt:

    No might nor greatness in mortality
    Can censure 'scape; back-wounding calumny
    The whitest virtue strikes. What king so strong
    Can tie the gall up in the slanderous tongue?

Hatte doch der König selbst durch vielfache unvorsichtige Herausforderungen, durch bittere und treffende Bemerkungen und Witze das Seinige dazu beigetragen, seinen politischen Feinden eine große Zahl von Bundesgenossen in's Lager zu treiben! So scheinen sich in den Matinées — und dies verlieh und verleiht dieser Schrift in der Zahl der Schmähschriften auf Friedrich ihre hervorragende Bedeutung — seine persönlichen Feinde und Neider mit den Feinden Preußens und den Gegnern Friedrichs unter den Strenggläubigen Katholiken, Freisinnigen und Rationalen zu einem gemeinsamen Anlauf gegen ihn vereinigt zu haben. Es sind, wie wir schon gesehen haben, verschiedene Vermuthungen über den Verfasser der Matinées aufgestellt worden. Die Annahme des Abbé Denina, der die Schrift dem piemontesischen Offizier Baron Patono zuschrieb, findet in Nichts eine Unterstützung. Gegen die Meinung von Jouyneau des Loges, Voltaire sei der Verfasser, spricht in den Matinées selbst sehr Vieles. Zwar war dessen Haß gegen Friedrich zur Zeit der Abfassung derselben groß genug, und daß er es nicht verschmähte, mit ähnlichen Waffen Friedrich zu schaden, hat er bewiesen. Aber da er in dieser Schrift als geizig und als Genosse Rousseau's — ihm verbündet zu einem im Voltaire'schen Sinn guten Unternehmen — geschildert wird, während er diesen doch nicht leiden mochte, da ferner daselbst Beziehungen Friedrichs zu Rousseau angegeben werden, die, wie Voltaire wußte, nicht bestanden, aus diesen und noch vielen andern Gründen ist nicht an ihn zu denken. Herr von Grimm schrieb am 25. April 1765 an die Herzogin Luise Dorothea von Sachsen: „Ew. Durchlaucht werden besser, als ich zu beurtheilen wissen, von welcher Hand diese Schrift ausgeht und was ihr Zweck ist." Herr Sammer hat ganz Recht, wenn er in seinem Aufsatz in den „Grenzboten" sagt, damit sei ein offenkundiges Feindschaftsverhältniß gegen Friedrich vorausgesetzt. Unrichtig aber ist, wenn er meint, die Feindschaft Voltaire's sei nicht so allgemein bekannt gewesen, daß die Kenntniß derselben schlechthin vorausgesetzt werden konnte. Jedenfalls wußte die Herzogin von Sachsen so gut, als Herr von Grimm um das Verhältniß zwischen Friedrich und Voltaire. Ein schlagender Gegengrund, daß Grimm nicht an Voltaire gedacht haben kann, liegt vielmehr darin, daß er einen solchen Verdacht ohne allen Rückhalt hätte aussprechen können. Wohl aber war er durch seine Stellung Andern gegenüber, an welche man hier allein denken kann, an Vorsicht gebunden. Dieß waren eben die Pariser Hofkreise, an denen aus bekannten Gründen Friedrich grimmig gehaßt war. (Friedrich beklagt sich namentlich im Briefwechsel mit d'Argens sehr über den Haß des französischen Ministeriums.) Der Verdacht Herrn Samwer's, eine bestimmte Persönlichkeit daselbst, der Herzog von Choiseul, sei der Verfasser, wird durch kein ausreichendes Zeugniß gestützt. Gewiß war vornehmlich dieser durch Friedrich gereizt und wir wissen, daß er demselben häufig seine Witzworte mit gleicher Münze heimzahlte. Friedrich schreibt 1760 mehrmals über denselben an Voltaire, im Mai: „Ich werde nur in Wien Frieden machen; melden Sie diese Nachricht Ihrem kleinen Herzog; er wird ein artiges Epigramm darüber machen können," im Oktober: „Ich kenne nicht den Herzog von Choiseul, noch Adam, noch Eva; es liegt mir wenig daran, ob er friedliche oder kriegerische Neigungen hat; wenn er den Frieden liebt, warum macht er ihn nicht?" Wenn Friedrich aber vermuthet oder gewußt hätte — gewiß war er in der Lage, von dieser Seite zuverlässige Kunde einzuziehen —, daß derselbe die **Matinées** verfaßt habe, so würde er sicherlich nicht Folgendes im Januar 1771 an Voltaire geschrieben haben: „Was mich betrifft, so lasse ich Jedermann sein Urtheil abgeben; Choiseul hat mir nichts Gutes und nichts Böses zufügen können; ich habe ihn gar nicht gekannt." Außerdem spricht gegen Herrn Samwer's Annahme der Umstand, daß man seiner Zeit verschiedene Andere im Verdacht hatte, Choiseul nicht. Wir haben mehrmals schon aufmerksam gemacht, daß einzelne Bestandtheile der Matinées zuverlässig von einem Franzosen herrühren. Wir heben nur noch kurz die betreffenden Hauptpunkte hervor: die Politik Friedrichs ist durchaus vom einseitig französischen Standpunkt aufgefaßt (vergleiche besonders die fünfte Morgenstunde!); in den drei ersten Morgenstunden und in der fünften ist fortwährend Rücksicht genommen auf französische Verhältnisse und Personen; die Kenntniß der neuesten französischen Literatur (vergleiche das in der zweiten Morgenstunde erwähnte Werk Voltaire's vom Jahr 1764); womit eine ungenaue Kenntniß des Verhältnisses französischer Schriftsteller zu Friedrich sich verbindet, die geschichtlichen Irrthümer, die Schilderung der Bewohner Preußens, die Unsicherheit in Besprechung der preußischen Bodenverhältnisse, das Hervorheben des Mangels von Olivenbäumen in Preußen (in der ersten Morgenstunde), die im zweiten Theil der zweiten Morgenstunde hervortretenden eigenthümlichen Anschauungen und die Unkenntniß der preußischen Verhältnisse, die Erwähnung von gouverneurs, commissaires, livres in Preußen, dieses Alles und noch vieles Andere weist unleugbar auf französischen Ursprung hin. Wenn wir hiezu noch fügen, daß die betreffenden Bestandtheile weitaus nicht so viele Germanismen enthalten, als die vierte Morgenstunde, die wesentlich vom Privatleben des Königs handelt; wenn es uns ferner gelingt, nachzuweisen, daß jene Theile späteren Ursprungs sind, als der größere Theil der vierten Morgenstunde, so haben wir eine gute Handhabe zur Ermittlung des Ursprungs der Matinées. Wie schon früher bemerkt worden ist, stammen jene Theile sicher aus der Zeit nach dem siebenjährigen Krieg. In der vierten Morgenstunde aber ist die Rede von der Liederlichkeit des Regiments, das unter Prinz Heinrich stand. Wie wir gesehen haben, wurde in diesem Regiment Ordnung gemacht im Jahr 1749, und zwar im Monat Juli. Im selben Monat Juli 1749 kam aber Moriz von Sachsen nach Berlin und mit ihm jener französische Offizier Bonneville, welcher nach Thiébault's Angabe die Matinées du Roi de Prusse vom Schreiber des Königs erhielt und abschrieb, um sie später herauszugeben. Nun leuchtet ein, daß an das Ereigniß mit Heinrich, welches im Jahr 1749, und in Berlin, Aufsehen erregt haben mochte, aber längst durch dessen große Thaten aus dem Gedächtniß gelöscht war, im Jahr 1764 Niemand, namentlich aber kein Ausländer, mehr dachte, daß dasselbe allerdings seiner Zeit wichtig genug in den Augen eines Berliners erschienen sein mochte, um in eine Schmähschrift über Friedrich aufgenommen zu werden. Wir können somit auf das Beste die Angabe Bachaumont's vereinigen mit der Thiébault's, mit welcher Herr Acton und Sammer Nichts anzufangen wußte. Wie im Eingang bemerkt wurde, sind die Matinées nach Bachaumont Nichts, als die Erweiterung eines kleinen schon zehn Jahre vor den Matinées unter dem Titel: Idée de la personne et de la manière de vivre du roi de Prusse erschienenen Druckwerks. Dieses Schriftchen, das über den Inhalt unserer vierten Morgenstunde handelte, war in Berlin, am Hof des Königs selbst, entstanden. Ein hämischer, ohne Zweifel über Zurücksetzung oder zu geringe Besoldung — dafür spricht die fortwährende Betonung von Friedrichs Geiz — erbitterter Hofmann hatte seine boshaften Bemerkungen über des Königs Leben und Treiben niedergeschrieben, indem er Allem, was der König that oder ließ, gemeine Beweggründe unterschob. Beiläufig bemerkt, auch hierin unterscheidet sich der größere

Theil der vierten Morgenstunde wesentlich von den andern Morgenstunden, daß dort stets die gemeinen Beweggründe für die Handlungsweise Friedrichs hervorgehoben, hier wesentlich Uebertreibungen von Aeußerungen oder Entstellungen von Handlungen desselben gegeben werden. Thiébault berichtet, dieser Hofmann oder Schreiber habe Bonneville „die Matinées du Roi de Prusse oder die Gespräche zwischen diesem Monarchen und seinem ältesten Bruder und seinem Erben" gegeben. Nun sind die Matinées weder überhaupt ein Gespräch, noch ein Gespräch zwischen Friedrich und seinem ältesten Bruder und Erben. Thiébault ist hier nicht ganz genau berichtet, und seine später folgende Angabe trifft die Sache schon besser. Er sagt nehmlich im Verlauf: „Vielleicht hat Friedrichs Schreiber einige von seinen wirklichen oder angeblichen Aeußerungen gesammelt und vielleicht kam diese Sammlung in die Hände des französischen Offiziers und wurde dann zu den Matinées verarbeitet." Thatsache ist, daß Bonneville dafür mit lebenslänglichem Gefängniß auf Spandau büßen mußte. Was Herr Acton sagt, es sei unglaublich, „wie ein Mensch, welcher mit den Tiefen der menschlichen Selbstsucht so vertraut war, mit dem Bewußtsein seines Vergehens sich in das Bereich des Mannes wagen konnte, den er so schwer geschmäht," ist nur eine hohle Redensart.) Halten wir demnach fest: die vierte Morgenstunde mit Ausnahme der Schilderung des Verhältnisses Friedrichs zu den Schriftstellern, also das, was der Inhalt der von Bachaumont erwähnten Schrift ist, war in Berlin und von einem Berliner Hofmann abgefaßt. Dieß bildete den Kern, an welchen man dann das Weitere anschloß. Man mochte dabei ungefähr nach der Weise verfahren, welche Friedrich im Discours sur les Satiriques vom Jahr 1759 schildert: „Was gibt es Leichteres, als die Großen zu verleumden? Man darf nur ihre Fehler vergrößern, nur ihre Schwachheiten übertreiben, nur die übeln Nachreden ihrer Feinde hinzufügen; und in Ermanglung so vieler schönen Quellen findet man ein Verzeichniß alter Schmähschriften, welche man abschreibt, indem man sie der Zeit und den Personen anpaßt." Wie die zu Grunde liegende Schmähschrift zu den Matinées verarbeitet, beziehungsweise erweitert worden war, so schwoll auch der im Jahr 1764 festgesetzte Grundstock der Matinées immer noch mehr an. Schon im Juni 1765 berichtete Grimm, daß er eine Fortsetzung der Matinées in Händen habe, und wir dürfen uns nur das, was aus Anlaß der Zusätze oben bemerkt worden, vergegenwärtigen, oder nur die Ausgabe von '1766 mit der Acton'schen und Reutlinger Ausgabe vergleichen, um ganz klar die Geschichte des Werdens dieser Schrift zu erkennen. Der hinzugefügte Stoff wurde namentlich einschlägigen Schriften jener Zeit entnommen. So ist die siebente Morgenstunde Sur la finance in der Ausgabe: Les Matinées du roi de Prusse Frédéric II. Paris., le Fèvre 1801 aus einer Denkschrift des Staatsraths Friedrich Wilhelms I. über den Finanzzustand entlehnt. Der allen Handschriften und Ausgaben mit Ausnahme des Druckes von 1766 gemeinsame zweite Theil der zweiten Morgenstunde ist, wie schon Barbier bemerkt, eine Auseinandersetzung des Inhalts der Loën'schen Schrift: La véritable religion unique dans son espèce, universelle dans ses principes, corrompue par les disputes des théologiens, divisée en plusieurs sectes, réunie en Christ. Francfort et Leipsik 1751. Da diese Schrift Friedrich II. gewidmet war, so mochte der Verfasser oder Bearbeiter der Matinées es für zulässig erachten, die darin ausgesprochenen Ansichten ohne Bedenken Friedrich zu unterschieben. Da er ferner von dem Unionsprojekte Friedrich Wilhelms dunkle Kunde hatte, so erlaubte er sich, von seinem historischen Gewissen ohnedieß nicht stark gedrückt, Friedrich

Wilhelm, der nur Reformirte und Lutheraner vereinigen wollte, den abenteuerlichen Plan der Vereinigung aller Bekenntnisse nach Loën'schen Grundsätzen zuzuschreiben. Auch Voltaire mußte seinen Zoll beisteuern, und es wurde aus seinem Werk über die Duldsamkeit, von dem b'Alembert, wie, wir sahen, im Februar 1764 Friedrich Mittheilung macht, ausgehoben was man für den betreffenden Abschnitt eben brauchen konnte. Daß die vor Abfassung der Matinées veröffentlichten Schriften Friedrichs selbst gleichfalls eine reiche Quelle waren, aus welcher der Verfasser der Matinées schöpfen konnte und schöpfte, ist leicht begreiflich und haben wir an verschiedenen Stellen nachgewiesen. Wir erinnern hier nur noch kurz an das, was über die Eitelkeit der Schriftsteller, über die Nothwendigkeit, dieselben zu ehren, was insbesondere über b'Alembert bemerkt ist, an die fast wörtliche Uebereinstimmung einzelner Stellen der ersten und zweiten Morgenstunde, des Eingangs der vierten und einiger Abschnitte der fünften Morgenstunde, mit Aeußerungen im Antimachiavel, in der dissertation sur les raisons d'établir ou d'abroger les lois und in den Mémoirs pour servir à l'histoire de la maison de Brandebourg. Der Verfasser hatte hiebei keine allzu schwierige Aufgabe zu erfüllen. Es handelte sich einfach darum, die betreffenden Stellen aus ihrem ursprünglichen Zusammenhang zu reißen, ihnen die für den Zweck einer Schmähschrift nothwendige Färbung zu geben und das da und dort Zerstreute zu einer Art von System zu verbinden. Einen besondern Reiz suchte der Verfasser seiner Schrift noch durch Einflechtung anekdotenhafter Züge zu verleihen. Aeußerungen, welche Friedrich wohl einmal im Uebermuth des Spottes oder in der Entrüstung hingeworfen haben konnte, oder welche doch unter seinem Namen in der Welt umgingen, werden zu Staatsgrundsätzen erhoben und zu vollständigen Systemen ausgesponnen. Warum soll z. B. Friedrich nicht einmal gesagt haben: „Dans mon royaume on prie Dieu, comme on veut, et on y... comme on peut?" Dieß war nun freilich etwas ganz Anderes, als die auf Grundlage dieses Satzes in der zweiten Morgenstunde ausgeführten Regierungsgrundsätze. Es war etwas ganz Anderes, wenn er aussprach, in seinem Staat dürfe jeder nach seiner Façon selig werden, als wenn ihn die Matinées, mit Uebertragung dieses auf dem Gebiet der Religion berechtigten Grundsatzes auf das Gebiet der Rechtspflege, sagen lassen, Jeder müsse nach seiner Art gerecht sein. Wenn er einmal im Unmuth ausrief: „wollen unsere Feinde Schurken sein, so seien wir eben auch Schurken," so hat der Verfasser der Matinées Solches in boshafter Weise benützt, an die Spitze einer scheinbar ernsthaft gemeinten Staatsschrift gestellt und daraus ebenso abscheuliche, als abgeschmackte Folgerungen gezogen. Zum Glück auch „abgeschmackte"; denn bei aller sonstigen feinen Berechnung und bei seiner manchmal wirklich anzuerkennenden Gewandtheit in Anordnung des Stoffs hat der Verfasser doch an den entscheidenden Stellen, wie wir uns überzeugt haben, sich wieder so viele Blößen gegeben, daß schon die Mitwelt seine Maske durchschaute. Sogar Solche, die, wie der Reutlinger Herausgeber und Uebersetzer, selbst an dem schmutzigen Werk mitarbeiteten, bekannten mit cynischer Offenheit ihre Schadenfreude, eine von der Welt angestaunte Größe heimlich mit Koth zu bewerfen. Und es bedurfte in der That der ganzen Verbissenheit des Parteistandpunktes, des tiefsten politischen Hasses gegen den preußischen Staat und seinen Schöpfer, des höchsten Maßes von Widerwillen gegen den neuern Staatsgedanken und seinen vornehmsten Träger, um sich in unsern Tagen zum Vertheidiger einer so schlechten Sache aufzuwerfen. Wer freilich, wie Herr Acton, bei Friedrich Nichts sieht, als Selbstsucht und Lasterhaftigkeit, wer, wie der ungenannte Freiburger Herausgeber, glaubt, daß Friedrich, sein Staat und seine Thaten wirklich nicht besser waren, als sie in den Matinées geschildert werden, wer, wie die „Histo=risch=politischen Blätter" in nichts Anderem Friedrichs Sendung erkennt, als in „der Aussaat von Blut und Thränen," der möge sich ungestört am Genusse dieser Schandschrift weiden! Wer aber nicht verwirrt durch den Widerstreit der Ansichten unserer Zeit, die Wahrheit von der Lüge zu scheiden, und, nicht beirrt durch den politischen Parteistandpunkt, ächter Größe den Zoll seiner Bewunderung zu entrichten vermag, dem können die Worte Friedrichs in seiner Ode A la calomnie zur Beruhigung dienen:

> Du Masque de la politique
> Tu couvris tes difformes traits;
> L'audace de ta langue inique
> Aux rois intenta le procès. —
> Quel fut jamais le grand mérite,
> Contre lequel tu ne t'aigris?
> Tu ne poursuivis point Thersite,
> Mais Achille entendit tes cris.